ネイティブと
秒で仲良くなれる！

NYのリア充英語

Haruki《ハルキ》

大和書房

Let's take a selfie.
セルフィー撮るよ
I'm camera-shy.
写真苦手なんよ
Come on, JOJO!
カモーンJOJO
Right now?
今?
Are we looking at camera?
カメラ目線?

OK, we have a thumbnail now. Let's talk about...
オッケー、サムネは撮れたね そしたら今日は……
We should talk about how we can turn your dreams into memories.
「どうすれば夢を思い出に変えられるか」について話そうか
This looks super fun, I wanna be like him.
ちょー楽しそう、こんなふうになりたいな……
Well, I will study English harder through YouTube and the online school!
よし、YouTubeとオンライン学校で英語の勉強もっとがんばろ！
to my mindset. I manifested
thing I wanted, now I'm on top
the world. I set my intentions, let
work its magic. Now my reality
exactly what I envisioned. I manifest
THE NEXT DAY...
That's it for today's class.
今日の授業終わり！
Thank you.
ありがとう
Oh...I want a foreign girlfriend too.
あ～僕も外国人の彼女ほしいな

Since you already speak fluent English,
why don't you come over here?
もう英語ペラペラだから
こっち来たらいいじゃん
I've decided,
決めた
I'm going to be Reaju
in New York.
僕、NYでリア充になる！
I will be in New York City tommorrow...
There's no going back.
明日にはNYCか…
もう後戻りできないな
国際空港

I've watched many videos but this is the first time abroad in real life. I can't wait to meet new people.
動画はたくさん見てるけど
リアルでは初めての海外
新しい出会いが待ちきれないな
JAPAN

DING
We will be landing at JFK Airport in New York shortly.
まもなくニューヨーク JFK 空港へ着陸します
Zzzz..

Have a nice stay.
よい滞在を
Thanks!
ありがとう！
WOW, that's a real yellow cab.
I think Haruki is driving a Tesla....
うわー本物のイエローキャブだ！
ハルキさんはたしかテスラのはず…
!
Hey! I'm here.
おーいこっちだよ！
Oh, good to see you!
わぁ、会えてうれしい
That's him.
Wow his aura...
he's the man!
本物だ～！
リア充オーラすごっ

How do you feel?
どんな気持ち？
I feel happy.
すごい高まってるよ！
You are making the best lifestyle experience living in here.
ここでの生活が最高の体験になるよ！
That's Times Square!
ほら、タイムズスクエアだよ
Wow, I'm gonna get a hot girlfriend in a hot town.
すごい！ イケてる街でイケてる彼女をつくるぞー！
TO BE CONTINUED...

はじめに

ネイティブと秒で仲良くなれる英語を身につけよう！

最初に告白があります。こんなタイトルをつけているけど、もともと僕はまったく“リア充”なんかじゃありません。

この本に込めた思いとともに、少し自分の話をさせてください。

僕は 1997 年 4 月 28 日に兵庫県西宮《にしのみや》市で生まれ、小学校までの 12 年間を神戸で過ごしました。その後、兄の影響もあって、中学校から東京にある全寮制の学校に行くようになりました。

でも、成長期に悪化されると言われる「起《き》立《りつ》性《せい》調《ちょう》節《せつ》障《しょう》害《がい》」にたびたび苦しみ、小学生のときも一時期不登校になったんだけど、中学の途中からまた学校に行けなくなってしまいました。

それで、高校は通信制に通うようになりました。

そんななかで、10 種類近いアルバイトを経験しながら、留学する準備を始めました。

もともと嫌いだった英語の勉強を、「留学」という目的ができてから、高校 3 年間で自主的に取り組むようになったんです。

幼少期から体が弱かったこともあり、“ ふつう ” と言われる日常が送れない生活が長く続いた学生時代。
“リアルが充実していない”と思う自分との葛藤が強かったからこそ、環境を変え、人間関係を変え、新たな世界に出会う希望を持って渡米しました。

そんな人生を生きてきた自分が、アメリカで過ごしてみて、さまざまな「喜び」「怒り」「悲しみ」「情熱」を感じました。
同時に、**リアルの英語に触れて、日本の英語教育と現地の生きた英語とのギャップもまた、痛烈に感じさせられた**んです。

そして、そんなギャップを埋めることこそが、“ 本当の意味で ” 英語学習者のステップアップにつながると、僕は実体験から確信しました。
だからこそ、実際に現地で使われているフレーズ、イディオム、スラングを、日本にいながら NY 生活を体験して楽しんで学べるように、この本にまとめました。

この本を読むと、英語を使ったコミュニケーションの上達はもちろん、ネイティブとの心のつながりを間接的に感じられて、新たな価値観に出会い、視野が広がる感覚を受けとってもらえると思います。
なかには教科書には載せられないセンシティブな表現も出てくるけれど、現地では実際に使われているという「リアル」を優先して掲載しています。ネイティブ英語とその空気感を肌で感じてもらえたらと思います。
ニューヨークの風を感じながら、“ ネイティブと秒で仲良くなれる ”、本当に使える英語を一緒に学んでいきましょう！

The daily life of real NY

リアル NY の日常

ハロウィンパーティーからの帰り道に
NYC のストリートでパシャリ。

「ザ・エッジ」in NYC。
高さ約335メートル、
建物の端まで行けてスリル満点！

NYC ボートツアーから見た
「自由の女神」。
意外と小さいかも。

忙しいシティから外れて、
公園でひと休み。静かで空気も新鮮。

NYC にライトで
デコレーションされた道を発見。
通りすがりの人にお願いして
撮ってもらった 1 枚。

「ダンボ」での
エンゲージメント写真。
ここはNYCに来たら
おすすめの写真スポット。

さぁ、これから一緒にニューヨークライフを楽しもう!!

この本に登場する人たち

Haruki（ハルキ）

2013年、13歳の夏休みに初めてアメリカ留学をし、1ヶ月間ベンの家族の家にホームステイをした。彼らと一緒に生活することが楽しすぎたため、高校卒業後にNYの大学に入学。ベンとタイラーと一緒に生活をしながら、YouTubeチャンネルを始めた。
21歳でケイラと出会い同棲を始め、2022年に入籍。

Kayla（ケイラ）

6歳からダンスを始め、現在はYouTuberとして活躍するピザが大好きな銀髪女子。
20歳でハルキと出会い同棲を始め、2022年に結婚。

Nao（ナオ）

ハルキのオンライン英会話の生徒。
ハルキのYouTubeを見てそのリア充すぎる生活に憧れ、「僕も国際恋愛したい！　英語で仲間とワイワイしたい！」とNYへやってきた、日本生まれ日本育ちの21歳。イケイケのアメリカンガールフレンドとのNYリア充ライフを目指す新日本男児である！

Sarah (サラ)

スパニッシュ系のアメリカ人。ナオと同い年の女の子。
明るい性格で、太陽とダンスとミュージックを愛している。

Ben (ベン)

ハルキの初めてのアメリカ留学のとき、ホームステイ先で出会った、友達であり家族や兄弟のような存在。
いつもクリエイティブで他の人とは違う視点で物事を見ている天才肌。少し抜けているところもあってお茶目でフレンドリーなアメリカ人。

Tyler (タイラー)

ハルキがベンと同じ時期に出会った、友達であり家族や兄弟のような存在。
ハルキと同い年で、超行動派。全米トップ30 位の大学に入り、専攻している光学は全米でトップ 10 位に入っている。ソーラーパネルの研究を行い、スタートアップでは数億円の資金を調達したスーパーマン。

この本の使い方

本書では、ハルキの NY での大学生時代の実生活を、
シーンとして主に取り上げています。
ハルキや仲間たちとのリアルな NY ライフを通して、
現地の文化に触れながら、楽しく本場の英語を学ぶことができます。

＼注目フレーズでリアルな英語を学ぼう／

各チャプターは本編とサイドノートで構成されています。
そのなかで、日常でよく使われているものや、現地のカルチャーを映し出す英語フレーズを「注目フレーズ」としてピックアップしています。
チェックして、リアルな英語を身につけていきましょう！

＼音声で発音をチェックしよう／

各チャプターとおまけ 4、5 の注目フレーズと使用例を音声で聞くことができます（が目印！）。
チャプターごとに各フレーズの頭に音声番号を記載しています。
下記 URL または QR コードからアクセスしていただき、ダウンロードもしくはストリーミングでお楽しみください！

注目フレーズ

①*long story short*
［まとめると、短く話すと］
使用例　Long story short, I haven't been able to go back to Japan for more than 3 years.
訳　まとめると、日本に 3 年以上も帰れてない。
解説　長くなる話を完結に述べるときに使う。

URL：　https://daiwa-log.com/media/haruki/index.html
ID：　harukidaiwa
パスワード：　nyreajueigo

・音声データは mp3 形式です。
・ネット環境、端末などによりご利用いただけない場合があります。
・本サービスは予告なく終了する場合があります。あらかじめご了承ください。
・QR コードは（株）デンソーウェーブの登録商標です。

CONTENTS

Chapter 1

How did we meet?

ハルキとケイラのなれそめ

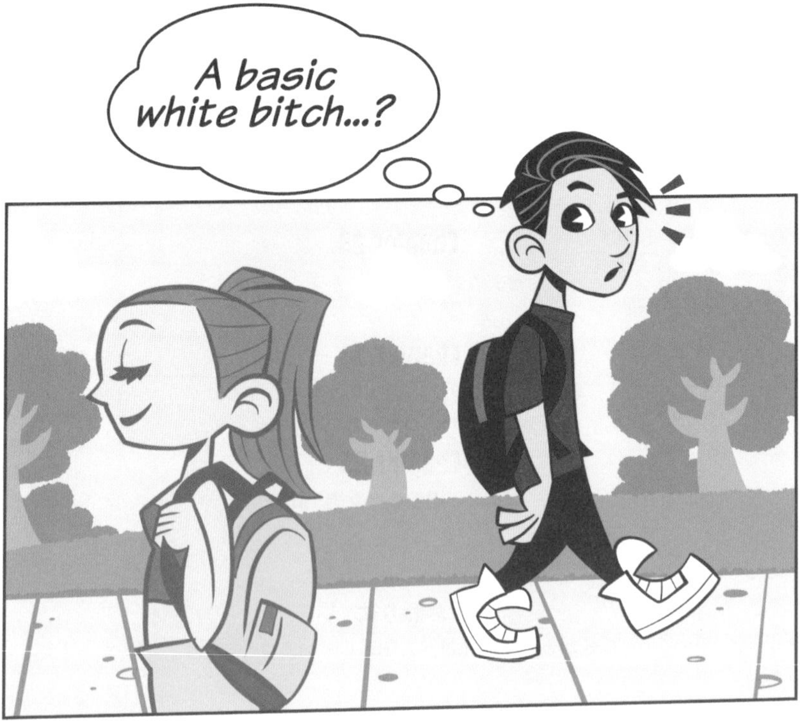
A basic white bitch...?

How did we meet?

N

I want to have a girlfriend in America.
How did you guys meet each other?

僕はアメリカで彼女が欲しいんだけど、２人はどうやって出会ったの？

H

Long story short, we actually went to ***the same*** college for 2 years but we didn't meet each other there.
Later, our ***mutual friend*** told me about Kayla and that she also has a YouTube channel. So I ***DMed*** her on Instagram and said, "Hey, do you wanna collaborate?"

短く言うと、実は同じカレッジに２年間いたんだけど、そこでは出会わなくて。
その後共通の友達がケイラもYouTubeをやってると教えてくれて、僕がインスタで「コラボしない？」ってDMしたんだよね。

K

But at first, I thought you were gay or ***a fuckboy*** because you hung out with a lot of girls. Not to be ***stereotypical***.

でも最初はゲイか遊び人かと思った。周りにいっぱい女の子がいたし。偏見的な意見ではあるけどね。

N

!?

H

!?

H

My first impression of you was a ***basic white bitch***.

僕のケイラへの最初の印象は「ザ・白人女子」だった。

How did we meet?

N: !?

K: !?

N: So you guys didn't have a good ***first impression*** of each other?

じゃあお互いに最初はいい印象はなかったんだね？

H: We didn't really talk about ourselves when we filmed together. But my view has changed as I got to know her better.

コラボしたときはお互いについてあまり話してなかったからね。でも、その後相手をよく知るなかで見方は変わっていったよね。

N: That's so sweet. I want a relationship like that.

すごいね。そんな関係性に憧れるよ！

K: Oh yeah? You want an American girl?

本当？　アメリカ人の彼女が欲しいんだっけ？

N: Yes, that's why I'm here.

そうさ、そのためにここに来たんだよ。

H: We got you. Let's go to the barbershop and get you different clothes as well.

任せときな！　バーバーショップに行って、新しい服も買いに行こ。

注目フレーズ

①long story short
[まとめると、短く話すと]

使用例 Long story short, I haven't been able to go back to Japan for more than 3 years.

訳 まとめると、日本に3年以上も帰れてない。

解説 長くなる話を完結に述べるときに使う。

②the same
[同じ]

使用例 I was eating the same food for 6 days straight.

訳 同じ食べ物を6日間連続で食べてたよ。

解説 「同じ」を表す単語で一番よく使われる。

③mutual friend
[共通の友達]

使用例 Having mutual friends is important.

訳 共通の友達を持つのは重要。

解説 mutual feeling（両思い）、
mutual purpose（相互の目的）、
mutual mission（共通の使命）
など言える。

④DM
[ダイレクトメッセージ、DMを送る]

使用例 Sliding into the DMs.

訳 ダイレクトメッセージを送る。

解説 SNSで連絡を取るときに使われる。動詞でも名詞でも使える。

⑤fuckboy
[遊び人]

使用例 He is a fuckboy that has no respect for women and play with their emotions.

訳 彼は遊び人で女性への尊敬がなく、女性の感情をもてあそぶ。

解説 チャラい人や、遊び人のことを指す。

⑥stereotypical
[ステレオタイプの]

使用例 He is not a stereotypical Asian.

訳 彼はステレオタイプのアジア人ではない。

解説 王道の形や、型にはまっている人や物。

⑦basic white bitch
[ザ・白人女性]

使用例 Let me take a quick selfie for my story. I'm such a basic white bitch.

訳 ちょっとストーリーのために自撮りさせて。私ったらなんてザ・白人女性なのかしら。

解説 ブロンド白人女性で、スタバが好きで、アイフォンを持ち、ヴィクトリアズ・シークレットでよく買い物をし、レギンス＆タンクトップを愛用し、髪をかき上げ、セルフィー多めで、なぜかギフトカードをいっぱい持ってる。
アメリカでは普通に使われているけど、受け取り手によってはネガティブな印象を受ける人もいるので注意。

⑧first impression
[最初の印象]

使用例 I disagree with people saying that the first impression is everything. What do you think?

訳 最初の印象が全てと言う人には反対です。あなたはどう思う？

解説 初対面で感じたこと、第一印象。

SIDE NOTE

Kayla and I went to the same college, and I first saw her in a show at a school event. I thought she was super cute. But at the time, I was dating someone else and wasn't thinking much of it.

Things changed when my friend told me about another YouTuber at our school, and it turned out to be her.

Our first impressions of each other were based on stereotypes: "Fuckboy?" and "Gyaru?". But as we got to know each other, we were naturally ***attracted*** and the universe surprised us by bringing us together.

Sometimes, you can find your partner in unexpected places. It's important not to ***judge a book by its cover*** and keep an open mind.

サイドノート

ケイラとは大学が同じで、学校のイベントでショーに出ているのを見てすごくかわいい子だな〜と思ってた。でも、当時は別の子と付き合っていたし、特に意識していなかったな。

状況が変わったのは友達が学校の他のYouTuberについて教えてくれたときで、それがケイラだったんだよね。

お互いに最初は「チャラ男？」「ギャル？」とステレオタイプな印象を抱いていたけど、相手を知るうちに、自然に惹かれ合っていったし、宇宙のサプライズで僕らは結ばれたよ。

パートナーは思いもよらないところで見つかったりする。見た目で判断せず、オープンマインドでいることが大切！

注目フレーズ

① ***judge a book by its cover*** [見た目で判断する]

使用例　Don't judge a book by its cover. You never know until you actually try it.

訳　本を表紙で判断しないこと。実際に読んでみないとわからないよ。

解説　読む前に、本の表紙で中身まで判断する感じ。

② ***attract*** [魅了する、惹きつける]

使用例　Be the energy you want to attract.

訳　惹きつけたいエネルギーになれ。

解説　ケイラの座右の銘。

動画でcheck!

We often feel like we were together in past lives, if that's something you believe in.

We are both extraverted introverts, which means we enjoy socializing but also need time alone to recharge.

We both prefer working independently and being our own bosses. It's a great feeling not to have a boss and to be in control of our own careers.

僕らはよく、前世で一緒にいたような気がすることがある、もしそれを信じるならね。

２人とも、外向的で内向的な性格で、人付き合いを楽しむ一方で、１人で充電する字間も必要。

自分自身で独立して仕事をし、自分が自分の上司でいるのが好き。上司がいなくて自分のキャリアを自分でコントロールできるのは最高の気分！

Chapter 2
Let's change your hairstyle

髪型をイメチェンしよう！

Let's change your hairstyle

Today Haruki brings Nao to his barbershop

今日はハルキ行きつけの理容室に連れてきてもらったナオ

What are you doing today?

今日はどんな感じにする？

Barber

Looking at the hair catalog

ヘアカタログを見る

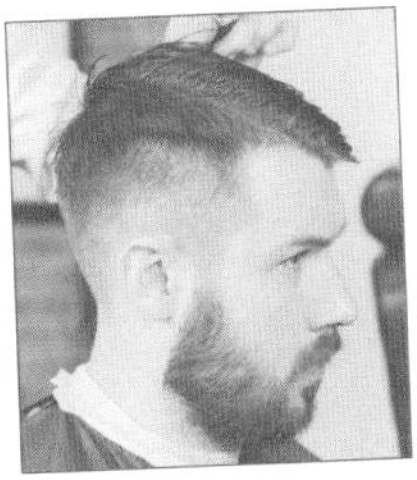

high fade

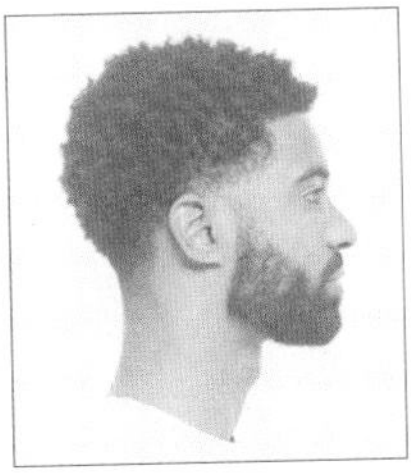

low fade

quiff fade

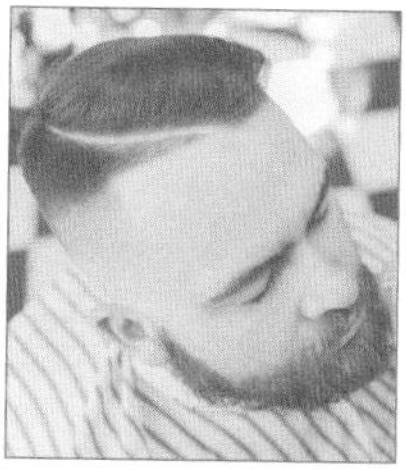

skin fade

slicked back

textured pompadour

How about a ***fade***? Or a ***buzz cut*** !? ***lol***

フェード（刈り上げ）はどう？　それか坊主？（笑）

H

N

No way. I don't know if I will look good with a fade... .

無理だって！　フェード似合うのかな～？

Let's change your hairstyle

N

I like Haruki's hairstyle. What is it called?

ハルキの髪型いい感じだよね。なんていうの？

His hairstyle is quiff fade.
If you like the top hair long and the side short but not too high, then you can try quiff low fade?

Barber

彼のはクイフフェードだね。
トップを長く、サイドを短く、刈り上げすぎないなら、
クイフ・ローフェードとかはどう？

N

That sounds good. I would like a quiff low fade, please.

よさそう！　クイフ･ローフェードをお願いします。

Cut time......

散髪中……

Wow you ***look sharp*** and so ***clean***, man. How do you like it?

H

おお！　すごく清潔感あるしイカしてるよ！　自分的にはどう？

N

I love it. This is my new favorite hairstyle.

最高に気に入ったよ！

注目フレーズ

①fade [フェード、刈り上げ]

使用例 I like your fade.

訳 あなたのフェード好き。

解説 髪型のスタイル。

②buzz cut [坊主]

使用例 Can you do a buzz cut?

訳 坊主にしてくれる？

解説 buzz には興奮や、スリルの意味もあるが、cut が後ろに付くと坊主の意味になる。

③lol [(笑)、ww、草]

使用例 Do you remember when she was super duper drunk? lol

訳 彼女がメチャクチャ酔っ払ってたの覚えてる？ ww

解説 lol = laughing out loud。声を上げて笑ってるイメージ。＊super duper は「超」「めっちゃ」といった意味のスラング 。duper が付くことで強調される。

④look sharp [カッコよく決まってる]

使用例 You look sharp today. What's going on?

訳 今日はカッコよく決まってるね。何かあるの？

解説 イベントに合わせてドレスアップしたり、格好が決まってるときに言う。

⑤clean [きれい、清潔感がある]

使用例 That's so clean, man. Where did you get your haircut?

訳 めっちゃきれいだね、どこで髪の毛切ったの？

解説 掃除だけではなく、人の見た目を褒めるときにも使われる。

SIDE NOTE

The fade with no bangs is a common hairstyle in the US. Having bangs can ***gives off*** the impression of not very confident (Of course, there are some people who style it cool) .

I used to wear bangs in Japan, but I saw a new hairstyle at a barbershop that was super cool. So I ***wear my hair*** from a typical Japanese hairstyle to my current Americanized hairstyle.

Honestly, Japanese hairstylists are ***top-notch***, considering the price you pay. If you want the same quality haircut in NYC, you'll probably need to pay over $50 to $100. ***Safe to say***, go to an Asian stylist if you don't want to ***take a risk***.

サイドノート

こっちではフェードデコ出しが一般的で、前髪があると自信がない印象を与えてしまう（もちろんスタイルでかっこよくやっている人もいるけどね）。

僕も日本ではおろしていた時期もあったけど、バーバーショップで見かけて気に入った髪型がフェードデコ出しで、今のアメリカ風スタイルが完成したよ。

正直、値段を考えたら日本の美容師はめちゃくちゃレベルが高い。NYC で日本にいた頃と同じレベルのカットを求めると 50 ～ 100 ドルはかかる。こちらで髪を切るときは、リスクを取りたくなければアジア系のお店がおすすめ！

注目フレーズ

①give off

[（～な雰囲気、空気）を放つ]

使用例 Rotten food gives off a bad smell.

訳 腐った食べ物は異臭を放つ。

解説 意図せず勝手に何かを放ってるイメージ。

②wear my hair

[髪型をセットする]

使用例 How do you usually wear your hair?

訳 いつもどんな髪型してるの？

解説 髪型は服のように「着る」感覚。

③top-notch

[最高の、ピカイチの]

使用例 Top-notch service is our highest priority.

訳 最高のサービスこそ私達の最優先事項よ。

解説 「クオリティーが高い」などの意味もある。

④safe to say

[言うまでもなく、～と言って間違いない]

使用例 It's safe to say he was a part of this incident.

訳 言うまでもなく、彼はこの事件に関わってた。

解説 ほぼ確実に決まっていることを言うときに使う。

⑤take a risk

[リスクを取る]

使用例 The biggest risk is not taking any risk. - Mark Zuckerberg

訳 最大のリスクは何もリスクを取らないこと。by マーク・ザッカーバーグ

解説 take = とる、選ぶ　risk = リスク

動画でcheck!

A barbershop is my go-to spot for healing. I feel a sense of security to share and open up about my feelings with my barber.

I often leave a bigger tip because they give me a sense of self-growth and warmth every time I visit.

バーバーショップは僕にとって癒しの場所。担当の理容師さんに、自分の気持ちを打ち明けられる安心感があるんだよね。

行くたびに自己成長を感じられるし、温かい気持ちにもさせてくれるから、チップはよく多めに置いていくよ。

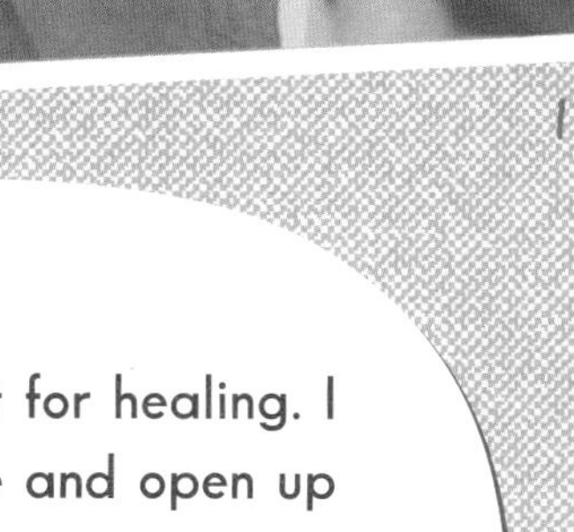

Chapter 3

Let's get a new fit

新しい服をゲットしよう！

Let's get a new fit

clerk

Autumn clothes are 25% off right now. If you need any help, let us know.

秋服は今 25％オフよ。もし何かあればいつでも声かけてね。

K

I'm ***just looking***, but thank you.

ありがとう、私はただ見てるだけで。

H

Excuse me, we are actually looking for a button-down shirt for him in a size small.

すみません、実は彼用にボタンダウンシャツのサイズ S を探してるんですけど。

clerk

Here you go. We have it in a size small.

サイズ S あるわよ！

N

Nice! ***Can I try this on?***

よかった！　試着してもいいですか？

clerk

Sure. The fitting room is right in the corner.

もちろん。試着室はそこの角よ。

Changing......

試着中……

N

Hey Haruki, look at my new ***fit***.

ハルキ見て、新しい服だよ！

Let's get a new fit

H: Wow, that looks perfect on you. How much is it?

めっちゃ似合ってるよ。いくら？

N: It's $25.

25 ドルだね。

H: That's ***a steal***, man. You should get it. Did you find anything, Kayla?

それはお得すぎだよ、買いだね！　ケイラは何か見つけた？

K: Yeah, I found a really cute dress, but that was ***a rip-off***. A bit ***overpriced***, I think.

かわいいドレス見つけたけど、ぼったくり級。ちょっと高すぎかな。

H: Too bad....

残念……。

K: All good, I will find something else.

いいよ、また何か見つかるよ。

H: Nao, are you ready to ***check out*** ?

ナオ、それは買い？

N: Yes for sure!

うん、もちろん！

注目フレーズ

①*just looking*
[見てるだけ、見て回ってるだけ]

使用例 A：Hi welcome, can I help you with something?
B：We are just looking, but thank you.

訳 A：いらっしゃいませ、何かお手伝いできることはありますか？
B：見てるだけです、でもありがとう。

解説 ショップで店員さんに声をかけられたときに役立つ。looking の他に browsing を使うこともある。

---

②*Can I try this on?*
[これ試着してもいいですか？]

使用例 Can I try on this T-shirt in large and medium?

訳 このＴシャツのＬとＭ試着していいですか？

解説 try on で「試着」の意味がある。

---

③*fit*
[服]

使用例 Hey, look at my new fit. Isn't it nice?

訳 新しいこの服見てよ、よくない？

解説 fit で服、kikcs でスニーカーを表す。

---

④*a steal*
[安い、掘り出し物]

使用例 I found a pair of jeans yesterday for $10. That was a steal.

訳 昨日ジーンズを10ドルで見つけたんだ。安すぎたよ。

解説 盗んだレベルと思えるぐらい安すぎるときに使う。

⑤*a rip-off*
[ぼったくり]

使用例 A bottle of water at the airport is a rip-off.

訳 空港の水は高すぎる。

解説 本来の価値からズレがあるほど値段が高いときに使われる。

---

⑥*overpriced*
[高値すぎる]

使用例 This oversized T-shirt is also overpriced.

訳 このオーバーサイズＴシャツは値段がオーバーでもあるのね。

解説 over 上 ＋ price 値段 ＝ 高値すぎる

---

⑦*check out*
[買って店から出る]

使用例 A：Are you checking out those pants?
B：Yes, I'm about to check out.

訳 A：そのパンツ買うの？
B：うん、買うところだよ～。

解説 お金を使うこと。

SIDE NOTE

In Japan, everyone dresses pretty much the same and follows the trends. In NY, they are more open to expressing themselves through fashion. American trends are always changing ***in a heartbeat***, and ***the definition of*** "cool fashion" depends on individuals.

You will find people wearing high-end brands in the streets of NYC, while others are wearing yoga pants. You will find many people in suits on Wall Street. I also see people wearing their own designed clothing all the time... . The fashion in NYC is ***diversified*** as they are.

At night time more and more people are dressed up, with button-up shirts, jackets, dresses and heals.

Expressing your identity through fashion, that's how New Yorkers enjoy fashion.

サイドノート

日本ではみんな似た格好をして流行を追っているけど、ニューヨークでは色とりどりのファッション。トレンドの移り変わりが超速くて、「イケてるファッション」の定義は着る人によって変わる。

ハイブランドを着ている人もいるし、そうかと思えばヨガパンツで歩いている人も、経済地区に行くとスーツの人が多く、自作の服を着ている人もよく見かける……NYのファッションは本当にぐちゃぐちゃ。

夜になると、襟袖のシャツにジャケットとか、ドレスにヒールとか、ドレスアップした装いの人がもっともっと増えるよ。

そんなふうに、ニューヨーカーはファッションで自分らしさを表現して楽しんでる！

注目フレーズ

①in a heartbeat

[一瞬で]

使用例 You will love this in a heartbeat.

訳 これ一瞬でラブになるよ。

解説 ハートの鼓動の速さを使った表現。

②the definition of

[～の定義]

使用例 A：What is the definition of living life?
B：Haha, ask yourself.

訳 A：人生を生きることの定義って何かな？
B：自分に聞きなww

解説 単語がわからないときにこれで聞ける。

③diversify

[多様化する]

使用例 It's important to diversify a stream of income.

訳 収入源を多様化させることが重要だよ。

解説 多様性は個人のスキルとしても求められる時代。

動画でcheck!

We wore onesies out on the streets of New York City for Halloween and really enjoyed the unique fashion. The outfits also kept us warm in the chilly weather.

I would recommend wearing onesies if you want to stay warm and have fun at a Halloween party.

着ぐるみでハロウィンのNYストリートにお出かけしたよ。このときは、いつもと違う「普通じゃない」ファッションをめちゃめちゃ楽しんだし、肌寒い気候でも超暖かかった。

ぬくぬくしながらハロウィンパーティーを楽しみたい人にはおすすめだよ～！

Chapter 4

Why do New Yorkers get tattoos and piercings?

ニューヨーカーにとってのタトゥーとピアス

Have you thought about getting tattoos?

Why do New Yorkers get tattoos and piercings?

N

I see many people with tattoos on the streets of NYC.

タトゥーを入れた人をNYストリートでたくさん見かけるよ。

H

Well according to the Department of Health in NY, over 30% of residents have ink in their skin.

保健所によると、30％以上のニューヨーカーの肌にタトゥーが入ってるらしいよ。

N

Have you thought about getting tattoos?

ハルキも入れようと思ったことはある？

H

Yes! I think they are super cool. Tattoos are just an ***expression of identity***. I will definitely get some one day.

もち！　僕はタトゥーは最高にカッコイイと思うよ。タトゥーは自己表現。いつか絶対入れる！

N

Are tattoos and piercings normalized in the US?

タトゥーとかピアスってアメリカでは普通なの？

A lot of people think that it's a part of fashion, though some conservative and religious families still have a negative view.
 A ***word of wisdom*** from Kayla's grandmother: "If humans needed extra holes in their ears, God would have put them there".

H

多くの人はファッションの一環だと思ってるけど、保守的な家庭や心身深い家庭では否定的にとらえることもあるよ。
ケイラのおばあさん曰く「耳に余計な穴が必要だったら、神様は元々与えてくれてたでしょう」。

Old school people still exist, but the majority of people are open to personal expression.

K

昔の考えを持った人もいるけど、多くの人は自己表現にオープンだよ。

Talking about getting tattoos makes me want to have one now.

H

タトゥーの話してたら入れたくなってきたな。

N

Deadass? Shall we do it today?

マジで？　今日入れちゃう？

First, I need to find a tattoo artist that I can truly trust.

H

まずは、本当に信頼できるタトゥーアーティストを見つけるところからだね。

注目フレーズ

①*Have you thought about ~?*
[~について考えたことはある?]

使用例 Have you thought about moving to the US?

訳 アメリカに移住することを考えたことある?

解説 何かについて考えたことがあるか聞きたいときによく使われる。

---

②*expression of identity* [個性の表現]

使用例 Self-expression is a form of art, and art is an expression of identity.

訳 自己表現はアートの 1 つであり、アートは個性の表現である。

解説 identity とは己の感覚を生み出す記憶、経験、関係、価値観であり、唯一無二の存在。express は伝える、述べるなどの意味があり、唯一無二を伝えることは、個性の表現である。

---

③*word of wisdom* [言葉のプレゼント、~曰く、格言]

使用例 Listen to his word of wisdom.

訳 彼の言葉のプレゼントを聞きな。

解説 言葉はときに人生の最高のギフトとなる。

---

④*old school* [古いやり方の、時代遅れの人]

使用例 He is such an old school, but we also have to watch out for a new era coming.

訳 彼は古いやり方の人だけど、新しい時代の到来にも気をつけなきゃね。

解説 「古い学校」と書いて、昔のやり方を教える学校 = 時代遅れ。

---

⑤*deadass* [マジで、ガチで、真剣に]

使用例 I deadass need a cup of coffee in the morning.

訳 朝はマジでコーヒー必要。

解説 ハルキが大好きなアメリカ人 YouTuber の David Dobrik がよく使うスラング。本文にあるように、「Deadass? (マジで?)」と疑問形でカジュアルに聞き返すときにも使える。

SIDE NOTE

Perspectives on tattoos are ***totally different***. In Japan, it is often looked at as a shame. However, in the United States, tattoos are a form of self-expression, and there is no sense of taboo.

People often get tattoos about their favorite book symbols, family, travel memories... Of course, eachone is different, but every tattoo has a unique meaning. If I can find a tattoo artist I can trust, I would love to get some.

Some say that they don't want to hurt the body that God has given them.

Both choices are respected ***as a form of*** self-expression.

サイドノート

日本とアメリカではタトゥーに対する考え方は180℃違う。日本では恥ずべきものだと見られがちだけど、アメリカではタトゥーは自己表現の一環で、それが「ダメ」という風潮は全くない。

好きな本のシンボル、家族、旅先の思い出……モチーフは人それぞれだけど、思い入れがあって入れてるんだよね。僕も信頼できるタトゥーアーティストと出会えたらいくつか入れたいと思っているよ。

一方で、「神様に授かった体を傷つけたくない」という人もいる。

どちらの選択も尊重される「自己表現」の一種だね！

注目フレーズ

① ***totally different*** [全く違う]

使用例 That's totally different.

訳 それは全然違うよ。

解説 totallyは100%ぐらい自信があるときに使える言葉。

② ***as a form of*** [～の方法として]

使用例 We take Venmo, PayPal or cash as a form of payment.

訳 ベンモ、ペイパルまたは現金が支払い方法としてあります。

解説 やり方や方法を説明するときに使える。書類などに使われてる場合が多い。

動画でcheck!

It takes time to unlearn things that we have been taught throughout our lives. Perhaps I don't fully understand what I'm getting into by getting a tatoo. But that shouldn't be a reason to discriminate against others simply because they are different.

これまでの人生でずっと教えられてきたことを忘れるのには時間がかかる。もしかしたら僕は、タトゥーを入れることが「どういう意味を持つ」のか、完全に理解していないかもしれないけど……。でも、ただ「違う」ということが、他人を差別する理由にはならないね。

おまけ 1

NY と NYC の違い

NY（New York）と NYC（New York City）では実は大きな違いがあるよ。

「ニューヨーク」と聞くと、タイムズスクエアがあったりだとか、世界的大都市な場所を想像すると思うんだけど。

実際には、Upstate NY（アップステートニューヨーク）と New York City（ニューヨークシティ）は車で６時間、飛行機で２時間も離れた場所にあって全然別物なんだよね。

アップステートニューヨークは、ナイアガラの滝が有名で、そういった広大な自然や牧場、農家が広がっている、すごくのどかな場所。

実際に僕が４年間通った大学はアップステートニューヨークにあって、大都市のニューヨークシティだと思って期待して入学してきた友達もたくさんいたよ（笑）。

遊ぶところや派手な場所は少ないんだけど、物価や家賃はニューヨークシティと比べて安いから、学生にはありがたかった。

緯度は北海道と同じ位置だから、雪の日が多くって、10 〜３月まで寒い日が続くよ。アップステートニューヨークに来るときは、温かくしてきてねー！

A 281-HP
STORY
TELLING
MACHINE
EMANUEL
TUESDAYS 10|9c
BIG SKY
ESPN

Chapter 5

Go big or go home

遊ぶなら全力で遊べ！

I WANNA GO TO THE CLUB TONIGHT!
No, I'll pass....

I wanna go to the club tonight.

K

今晩クラブ行きたい。

No, I'll pass.

H

無理、パス。

N

Why not?

なんで？

Because I only enjoy clubbing for 2 hours max but she will go all in.

H

俺は2時間でクラブ飽きるけど、彼女はオールインやからね。

I barely go out so when I'm out, I am out for the night.

K

私はたまにしかクラブ行かないから、出るときは徹夜だよ！

N

Like 4 to 5am?

朝の4時、5時までとか？

Yeah. ***Go big or go home.***

H

そうだね、「大きく行くか、やめるか」だね。

Go big or go home

K

You never want to go clubbing with me.

私とはいつも一緒に行ってくれないよね。

H

Fine. I will go tonight. But ***I'd rather*** relax at home. House party is ***my thing***!

わかったよ、今晩は行くよ。けど僕は家でリラックスしてるほうが好き。ハウスパーティーが好きなんだよ。

K

No fun, ***party pooper***.

楽しくないやつ、パーティープーパーじゃん。

H

Alright that's enough. Nao is here with us, so let's have some fun tonight.

わかったよ！　ナオも来てるし、今夜は楽しい時間にしよう。

K

Yay. We are here to enjoy our lives. We are not meant to work for ***24/7***.

そうこなくっちゃ！　人生楽しまないでどうするの？私達は働いてばかりいるために生まれてきたんじゃないよ。

H

We might connect with someone, who knows.

良い出会いがあるかもだしね！

注目フレーズ

① Why not?

[なぜしない、断る意味なし]

使用例 A：Have you tried to call her?
B：No, I haven't.
A：Why not?

訳 A：彼女に電話してみた？
B：してない。
A：なんでしないの？

解説 友達の行動理由や考えを上手く聞き出したいとき使える。

② go big or go home

[全力か全くしないか、やるかやらないか]

使用例 A：Oh, I'm so nervous for tomorrow's contest.
B：You gotta go big or go home.

訳 A：あ〜明日のコンテストすごく緊張してきた。
B：でっかく行くか、やめるかだよ。

解説 士気を上げるときに使われる。さらに士気を上げたいときは、「Go big or go bigger!」と言葉遊びしたりも。

③ I'd rather B than A

[むしろ私の好みは A より B]

使用例 I'd rather live in a quiet place than a city.

訳 私はシティーより、むしろ静かなところに住みたい。

解説 A より B を好む。ケイラはシティーより静かなところに住みたいらしい。

④ my thing

[私の物、お気に入り、自分のスタイル]

使用例 Living in NYC is not my thing.

訳 NYC に住むのは私の性分には合ってないね。

解説 ケイラは NYC に住むのがあまり好きではないらしい。

⑤ party pooper

[パーティーを台無しにするやつ]

使用例 You already want to go home? You are such a party pooper.

訳 もう家に帰りたいの？　マジでパーティー台無し。

解説 party（パーティー）を poop（うんこ）にするやつ＝パーティーを台無しにするやつ。ノリが悪い人に対して使ったりする。

⑥ yay

[わーい]

使用例 We won the game. Yay!!

訳 試合に勝ったよ、わーい！

解説 喜んでいる様子を表す。

⑦ 24/7

[24 時間 7 日間、しょっちゅう、いつも]

使用例 That gym is open for 24/7.

訳 あのジムは 24 時間、7 日間オープンしてる。

解説 「毎日 24 時間営業している」「年中無休」という意味で使われる。

SIDE NOTE

Many Japanese people think it's a waste of time if the time being spent has no direct ***correlation with*** productivity, but Americans value having fun more. In some cases, having fun can develop into a business opportunity or idea, and above all, happiness increases by doing more of what makes us happy. More and more Americans find themselves in a position to "***work to live***" rather than "***live to work***".

Coming to the United States, I strongly felt that we should value time to have fun more. "Reality exists in the human mind, and nowhere else". - George Orwell, 1984. We have a limitless imagination to create a society that is full of joy. Let's have fun and the Japanese "Matsuri spirit" will return to us.

サイドノート

多くの日本人は生産的なことじゃないと「時間の無駄」ととらえがちだけど、アメリカ人は「遊び」から生まれるものをすごく大切にしているよ。遊びからビジネスに発展する場合もあるし、何より幸福感が上がるからね。アメリカ人の多くは「楽しいことをしたい」が人生の大前提で、仕事はそのためのものという感じ。

アメリカに来て、日本人ももっと遊ぶ時間を大切にするべきだと強く感じた。「現実は人間の頭の中にだけ存在し、それ以外のどこにもない」（ジョージ・オーウェル『1984年』）。喜びであふれた社会を作るために、僕らには無限の想像力がある。大いに楽しもう、昔みたいに"祭りの心"が帰ってくるといいね！

注目フレーズ

①correlation with

[～との相関]

使用例 Cryptocurrency has a strong correlation with Elon Musk's Tweets, such as Dogecoin.

訳 暗号通貨とイーロン・マスクのツイートは強い相関がある、ドージコインとか。

解説 アカデミックな場面でよく使われる。

②work to live

[生きるために働く]

使用例 I work to live but I also live to work.

訳 生きるために働くし、働くためにも生きている。

解説 仕事以外に、レジャータイムなどにも集中する在り方。好きではないけど、生きるためやお金のために働く場合。

③live to work

[働くために生きる]

使用例 I would choose less of a pay check if it means living to work.

訳 働くために生きるなら、より少ない給料を選ぶだろう。

解説 自分のキャリアや仕事に集中する在り方。自分の好きなことが直接仕事に関わってくるならアリ。

When we are worried about the future, we are not living in the moment. When we are regretting the past, we are not living in the moment.

The present is the most precious gift/ present that exists. So let's live in the moment right now.

未来を心配しているとき、その瞬間に生きていない。
過去を後悔しているとき、その瞬間に生きていない。

今（present ＝プレゼント）は最も貴重なプレゼント。だから、今この瞬間を生きていこう！

Chapter 6

Let's talk to girls at the club!

クラブで声をかけてみよう！

Hey, I like your hairstyle! It's cute.

Let's talk to girls at the club!

Clubbing

クラブにやってきた３人

H

Hey Nao, why don't you try your ***pick up line*** for a girl since we are here?

ねぇナオ、せっかくクラブにいるし、ナンパしてみなよ。

N

I'm a little bit nervous asking for a girl's number though.

ナンパするのちょっと緊張するね。

H

You now have a clean haircut and outfit. You've got this!! For the record, I have done this before and have been on a date with a girl that I met at a club.

さわやかな髪型で、服も揃えたからイケるよ！　僕もクラブで会った女の子とデートに行けたことあるし大丈夫！

N

Really!? Tell me more about that.

本当に？　どんな感じだったの？

H

I met this girl at club. We made eye contact and ***at first sight*** I thought she was cute. So I said to her, "***I like your style. It's cute***".
We talked a lot that night. We made plans for a date and exchanged numbers.
So if I can do it, you can do it too. ***Hit on*** that girl over there!!

クラブで会った女の子がすごくかわいくて、一目惚れで、アイコンタクトして話しかけた。「(服の) スタイルいいね！ かわいい」って。
その夜いっぱい話して、デートの予定を立てて電話番号も交換した。
僕にできるなら、君もできるよ！　そこの女の子にアタックしなよ！

Let's talk to girls at the club!

First things first, make eye contact and tell her what you like about her and then spice it up with some jokes, like pick up lines.

H

最初に大事なのはアイコンタクト。そして、相手の好きなところを褒めるのを忘れずに。ジョークも交えて面白くね！

Hey I like your hairstyle!! It's cute.

N

ねぇ、君の髪型かわいくていいね～。

Oh thanks. I like your shirt. ***It's so bomb***.

Girl

ありがとう。あなたのシャツも好きだよ。素敵！

Thank you. ......

N

ありがと。もじもじ……もじもじ……。

How did it go?

H

どうだった？

I wasn't able to ***carry a conversation*** very well. But I made eye contact and told her that she has a nice hairstyle.

N

上手く会話を回せなかったけど、アイコンタクトして彼女の髪型がいいって伝えたよ！

That's impressive!! Keep it up, man.

H

すごいじゃん！　その調子だよ！

注目フレーズ

①pick up line

[ナンパの口説き文句]

使用例 His pick up line was so smooth.

訳 彼のナンパはめっちゃスムーズだったよ。

解説 自然で状況と流れに合った口説き文句が1番効果的。

②at first sight

[一目で]

使用例 Do you believe in love at first sight?

訳 一目惚れを信じますか？

解説 first = 初めて　sight = 見る

③I like your ~. It's cute

[あなたの～いいね。かわいい]

使用例 I like your dress, it's cute.

訳 そのドレスいいね、かわいい。

解説 相手を褒めるテッパンフレーズ。

④hit on

[～にアタックする]

使用例 I think she is hitting on me.

訳 彼女僕にアタックしてきてると思う。

解説 恋愛的な好意を持ってアタックすること。

⑤It's so bomb

[素晴らしいね]

使用例 The last dinner was so bomb.

訳 昨日のディナーは素晴らしかった。

解説 bomb = 爆弾。爆発するぐらいインパクトのある印象を表す。

⑥How did ~ go?

[～はどうだった？]

使用例 How did the meeting go?

訳 ミーティングはどうだった？

解説 物事の進行具合や調子を聞くときに使われる。

⑦carry a conversation

[会話を回す]

使用例 He was carrying a conversation throughout the night.

訳 彼は一晩中会話を回してた。

解説 carry = 運ぶ　conversation = 会話。グループの中心となって会話を回している様子。

SIDE NOTE

Japanese clubs may have the reputation of being "party animal hangouts", but in the United States, clubs are ***open to*** all kinds of people. There are no Izakayas, so if you want to drink, a bar or a club would be a good choice. People go to bars to drink and socialize. If you want to drink, move your body, and maybe ***twerk***, then a clubs would be the spot for you.

You can also meet people at bars and clubs. I've met a girl at a club, and I also met someone at college before meeting Kayla ***via*** social media.

Meeting places are endless, and the demographics change ***depending on*** where you go.

サイドノート

日本のクラブは「パリピのたまり場」という印象があるかもしれないけど、アメリカではいろんな人に開かれてるよ。居酒屋がないから、お酒を飲むとなると、バーかクラブがよさげなんだよね。バーは飲んでおしゃべりする場所って感じ。お酒を飲んで体動かしたい！　お尻振りたい！　ってなったら、クラブに行くよ。

僕が昔いい感じになった子はクラブで会ったし、また別の子は大学、ケイラとはオンラインと、場所によって出会う相手の層は違ってくるけど、出会いはどこにでもあるよ！

注目フレーズ

① *open to*

[〜に開かれている]

使用例 Playlist Live is more familiar and open to all types of digital creators.

訳 プレイリストライブはより親しみやすく、全てのデジタルクリエイターにオープンです。

解説 more familiar to = より身近・より親しみやすく

② *twerk*

[お尻を振る]

使用例 She is so good at twerking.

訳 彼女、お尻振るのがうまいね！

解説 お尻を振るダンススタイル。TikTok から火がついた。

③ *via*

[〜を通して]

使用例 Can you send some pictures via IG?

訳 写真 IG で送ってくれない？

解説 through の使い方と似た感じ。

④ *depend on*

[〜による]

使用例 Well, it depends on if you live in Japan or abroad.

訳 それはまぁ、日本か海外に住んでるかによる。

解説 前提によって結論が変わってくるときこれで説明できる。

動画でcheck!

This is our first time going to the club together. I remember wearing white so that it reflected the light and I would stand out from everybody else.

That's not how I really got Kayla's attention, though. Just kidding ;)

これが一緒にクラブに行った初めてで。光を反射してみんなから目立つように白を着たのを覚えている。

それがケイラの気を引いた方法ってわけじゃないけどね。冗談だよ。;)

Chapter 7

Chilling at Washington Square Park

ワシントンスクエアパークでひと休み

Welcome to NYC!!!
Point8

N

I like that NYC has lots of parks here and there and you can ***chill***.

NYC はあちこちに公園があって、のんびりできるのがいいね。

H

Snapple fact, there are more than 17,000 parks in NYC.
My top 3 parks are Central Park, Washington Square Park and Brooklyn Bridge Park.

マメ知識だけど、NYC には1万7000以上も公園があるんだよ。
僕のお気に入りは、セントラルパーク、ワシントンスクエアパーク、ブルックリンブリッジパークの3つかな。

N

This is Washington Square Park, right?

ここはワシントンスクエアパークだよね？

H

Yes.

そう。

N

This is the most ***iconic*** park that I have ever seen.

今まで見たなかで1番アイコニックな公園だよ。

H

I call this the top notch ***multicultural*** park.

多文化公園の最高峰だと思うよ！

Chilling at Washington Square Park

N

The other day I saw people throwing snowballs at each other battling.
And a different day I saw people singing, dancing and skating. Also selling arts and ***miscellaneous goods***.

この前は、雪合戦をしている人がいたよ。
またまた違う日は、歌ったり踊ったり、スケートしてたり、アートや日用雑貨を売ってる人もいた。

H

Welcome to NYC. This is the definition of a park here.
Wait till it gets dark at night. This is the spot for locals to hang out.

NYC へようこそ。それが公園の本来の姿だね。
夜になると、ローカルの人が集まってくる場所に変わる。

N

What's going on at night?

夜には何が起こるの？

H

That's ***up to you*** to find out.

自分で確かめにおいでよ。

注目フレーズ

① chill ［のんびりする、まったりする］

使用例 I just wanna chill at home today.

訳 今日はただ家でゆっくりしたいな。

解説 「He is such a chill person.（彼はとても落ち着いた人だ）」など、形容詞で「落ち着いた」の意味でも使われる。

---

② snapple fact ［マメ知識］

使用例 Snapple fact, humans share 50% of their DNA with bananas.

訳 マメ知識だけど、人間はバナナと50％のDNAが同じである。

解説 アメリカで人気の飲料、スナップルジュースのキャップ裏には“マメ知識”が書かれてて、Snapple Factsと呼ばれている。それに由来し、マメ知識を話す際、カジュアルに使われている。

---

③ iconic ［アイコニックな］

使用例 The McDonald's logo is iconic throughout the world.

訳 マクドナルドのロゴは世界を通してアイコニックだ。

解説 記憶に残るものについてよく使われる。

---

④ multicultural ［多文化の］

使用例 One of the advantages about the US is it's multicultural.

訳 アメリカの良いところの1つは多文化なところだよ。

解説 multi ＝複数　cultual = 文化的な

---

⑤ miscellaneous goods ［雑貨、日用雑貨］

使用例 I have so many miscellaneous goods and don't know what to do with them.

訳 日用雑貨がありすぎて、どうすればいいかわからない。

解説 日用雑貨、または、ランダムな「物」とも訳される。

---

⑥ up to you ［あなた次第、あなた任せ］

使用例 A：I can't decide where to eat out.
B：It's your birthday, man. It's up to you.

訳 A：どこで外食するか決められない。
B：あなたの誕生日なんだから、あなた次第だよ。

解説 決定権がその対象にある状態、または相手に決定権を与えたい場合に使われる。

SIDE NOTE

There are parks all over New York City, and nature is ***well-integrated*** into the city. They provide a place for workers, kids, students, ***freelancers***, creators, and artists to relax.

While drinking is not allowed in public areas, many people can be found smoking and ***socializing*** in parks.

Washington Square Park ***represents*** the multiculturalism of NYC very well, and I also really like the Floating Park because it's so unique.

サイドノート

NYCは公園が多くて緑が多い。都市と自然が共存している感じ。人々の憩《いこ》いの場にもなっていて、サラリーマン、子ども連れ、学生、フリーランス、クリエイター、アーティスト……いろんな人が集って思い思いの時間を過ごしているよ。

公共の場での飲酒は禁止されているけれど、タバコとかを吸って公園でたむろしている人はよく見かける。

ワシントンスクエアパークはNYCの多文化がよく表れているし、フローティングパークも個性があってお気に入りの公園だね。

注目フレーズ

①***well-integrated***

[よく統合された]

使用例 Buildings in Kyoto are well integrated and in harmony with the surroundings.

訳 京都の建物は周囲とうまく結合され、調和している。

解説 アカデミックな言い回し。

②***freelancer***

[フリーランス]

使用例 He was working as a freelancer.

訳 彼はフリーランスとして働いていた。

解説 会社に勤めず、自分で仕事を取って暮らす人達。
アメリカでは年々増加していて主流になりつつある。

③***socialize***

[社交する、付き合いをする]

使用例 Would you rather socialize or be alone?

訳 付き合いを好みますか？ 1人でいるのを好みますか？

解説 「飲みの付き合い」みたいな「人付き合い」に使われる。アメリカではよく聞く単語。

④***represent***

[～を代表する、～を表す]

使用例 He was chosen to represent Japan at the Olympics.

訳 彼はオリンピック日本代表に選ばれた。

解説 代表だけでなく、誰かの代わりになる場合にも使われる。

動画でcheck!

No matter how big the city is, we always find a park and nature within our lifestyle.

We must not forget that nature provides us with clean oxygen to breathe.

どんなに大きな街でも、僕らにはいつだってライフスタイルの中に公園と自然がある。

僕らが呼吸するためのきれいな酸素を、自然が与えてくれていることを忘れちゃいけない。

Chapter 8

Sneak into a college lecture!

大学の講義に潜入！

You don't look familiar to me.
Are you new here?
Ahhh....

Sneak into a college lecture!

Hey Nao!! Do you want to come with me to my class? You can probably ***sneak in***.

H

ねぇナオ！　今日一緒に授業来る？　こっそり入ればバレないよ。

N

You mean by sneaking into your class?

え!?　授業に忍び込むこと？

Just follow me. This class is really big, so my professor won't even notice.

H

一緒に来て！　人数が多いから、教授も気がつかないよ。

Commute by Haruki's car

ハルキの車で移動

According to The New York Times, New Yorkers are fleeing to the suburbs. What's your take?

Professor

ニューヨーク・タイムズ紙によると、ニューヨーカーが郊外に逃げているそうだけど、どう思う？

Well, it seems to me that because of COVID, people are remotely working, ***thus*** leaving the city for an inexpensive place.

H

コロナの影響で、リモートで働いているから、シティから離れてコストのかからない場所へ移るのかなと。

Sneak into a college lecture!

That's a fact !! ***Personally, I'd still prefer*** living in the city. They have much more to offer such as jobs, food, entertainment, and networking.

S

それはそうね！　でも個人的にはシティがいいです。就職先も、食べ物もエンターテインメントもネットワークも豊富なので。

Yes possibly, although this crisis made people think outside of the box even more and lots of innovation and change in life happened.

Professor

そうかもしれませんが、この危機は人々に既成概念にとらわれない思考をさらに促し、多くのイノベーションと人生の変化をもたらしました。

Oh, You don't look familiar to me. Are you new here?

Professor

あれ？　君は見覚えがないけど、新しい子かな？

N

......Ahhhh.

あわわ……。

Yeah, he is my friend from Japan.

H

そうです。日本からの友達です！

Oh, I see. Welcome!!!

Professor

そうなの。ようこそ！

(Looking at Nao)

S

（ナオを見つめている）

注目フレーズ

① sneak in
[忍び込む]

使用例 No one saw me sneak in.

訳 誰も僕が忍び込む姿を見ていなかった。

解説 気づかれずにこっそり入って行く様子。

② You mean ～?
[～ってこと？]

使用例 You mean AI is taking over the world without us realizing it?

訳 私たちが気づかないうちに AI が世界を乗っ取るってこと？

解説 相手の話をまとめて確認するのによく使われる。

③ commute by
[～で通学する、～で通勤する、～で通う]

使用例 I commute by bus.

訳 私はバス通勤だよ。

解説 通勤や通学手段を話すのに、日常会話でカジュアルに使われる。

④ according to
[～によると]

使用例 According to The New York Times, animals are running out of places to live.

訳 ニューヨーク・タイムズ紙によると、動物は住む場所が限られてきている。

解説 何かを引用するときに使われる。ライティングやアカデミックな場面でもよく使われる。

⑤ Well, it seems to me that ～
[まぁ、自分には～に見える]

使用例 Well, it seems to me that editing is more important than filming.

訳 まぁ、自分には編集のほうが撮影より大切に見える。

解説 自分の見方や見解を伝えるときに使える。

⑥ thus
[したがって]

使用例 We were wrong, and thus we need to learn from our mistakes.

訳 私たちは間違っていた、したがって間違いから学ぶ必要がある。

解説 フォーマルな英語。ライティングやアカデミックな場面で頻出。

⑦ that's a fact
[それは本当です、間違いない]

使用例 Cats spend 2/3 of their life sleeping. That's a fact.

訳 猫は人生の 3 分の 2 を睡眠に費やします。 本当です。

解説 事実として、間違いなくそうだと断言したいときに使える。

⑧ Personally, I'd still prefer ～
[個人的には～を好む]

使用例 Personally, I'd still prefer to skip breakfast rather than dinner.

訳 個人的には、夕食よりも朝食を抜いたほうがいいと思います。

解説 自分の好みを何かと比べて話すときに使える。

⑨ Yes possibly, although ～
[はい、可能性はありますが（でも）]

使用例 Yes possibly I can pass the exam without studying, although I would do better with a group study time.

訳 はい、勉強しなくても試験に受かるかもしれませんが、勉強会はしたほうが良いでしょう。

解説 相手の意見にも可能性はあるけど、より良い選択肢があると伝えたいときに使える。

SIDE NOTE

Universities in the United States also grade on "participating = ***speaking up***."
Depending on the class size, if there is something you don't understand, you can ask questions at any time. If you do not express your opinion, points will be ***deducted*** , and your grades depend on how much you participate by speaking up.

I majored in kinesiology (sports science), but I also had to take economics. I hated the teacher because he didn't like the response "I don't know." Even when he said something that I hadn't read or did't know about, I ***got judged***... (laughs).

I realized that this is a society that really wants to hear from you and that it's important to share your opinions.

サイドノート

アメリカの大学は、「参加＝発言」すること。授業の大きさにもよるけど、わからないことがあったら、基本はいつでも発言できる。意見を言わないと点数が引かれたりするし、どれくらい発言したかで成績がばんばんつけられるよ。

僕はスポーツ科学を専攻していたんだけど、経済学も履修しないといけなくて。そのクラスで「I don't know」という返答が嫌いという先生が嫌いだった。彼が、僕が読んだこともない、知らないことを言ってるときですら、そう言うと批判されて……（笑）。

本当に意見を聞きたがる社会なんだと実感したし、自分の意見を伝えることの大切さを実感したよ！

注目フレーズ

①*speak up*

[声を上げる、話をする]

使用例 If something is on your mind, speak up and let others know how you feel.

訳 何か気になることがあれば、はっきりと声に出して自分の気持ちを相手に伝えましょう。

解説 気持ちや、思い、感情を伝えることについてよく使われる言葉。
アメリカではめちゃ大切なこと。

②*deduct*

[減らす、控除する]

使用例 If you make one mistake, 10 points will be deducted.

訳 1つの間違いで、10ポイントの減点になります。

解説 テストやお金、数字やスコアが関係する場面でよく使われる。

③*get judged*

[評価・ジャッジされる]

使用例 When you are creating something new, you get judged hard.

訳 新しいものを作っているときは、キツくジャッジされるものです。

解説 ネガティブイメージの強い言葉。

動画でcheck!

College and university are places where you can meet new people and learn new things as part of a community. College life is a big deal in the US, often being the first time many students leave their hometowns and live independently. With freedom from supervision, parties and other social activities are a huge part of college life.

　大学は新しい人達と出会って、コミュニティとして新しいことを学ぶ場所。

　アメリカでは大学生活はすごく大きなもので、多くの学生が故郷を離れて１人暮らしをする初めてのタイミング。親元から離れて、パーティーやら何やら楽しむのは、大学生活の大きな一部！

おまけ2

要注意！
ネイティブは使わない、ダサい日本語英語

日本ではふつうに使われているけど、
英語圏では「何それ？」「変！」と思われたり、全く違う意味に
とらえられてしまったり、通じない言葉が実はたくさんある。
ここでは、その代表的なものを紹介していくよ。
ネイティブと話すときには使い方に注意してね！

ミス

日本では間違いの意味で使われるけど、英語で miss は寂しいなどの意味。「I miss you（あなたに会いたい、寂しい）」といった感じで使われる。間違いの意味で英語を使うなら mistake が正しい。

クレーム

日本だと、「クレーマー」とか、あんまりいい意味で使われないよね。でも英語圏では claim ＝主張などの意味で特別ネガティブな意味はない。苦情などは complaint（コンプレイン）を使う。

アルバイト

アルバイトはそもそもドイツ語。英語圏では通じない。短時間労働の意味で使いたければ、part time Job（パートタイムジョブ）を使おう。

コンセント

英語では正しくは plug（プラグ）。コンセントの音は consent に近くて、これは「同意」などの意味がある。間違えないようにしよう。

マンション

mansion（マンション）＝大豪邸。お城のような富豪の家をイメージする。日本でいうマンションを英語でいうなら apartment が正解。

トイレ

toilet（トイレット）は便座のことを指す。あまりきれいなイメージを与えない言葉。bathroom（バスルーム）や restroom（レストルーム）が日本でいうトイレの意味にあたる。

パーキング

parking lot（パーキングロット）が正しい。パーキングだけだと伝わらないので注意してね。

他にも、以下の単語なんかは日本人が間違いがち。
英語圏では通じないので覚えておいてね！

× ペットボトル

○ ***plastic bottle***

（プラスティックボトル）

× アイスコーヒー

○ ***iced coffee***

（アイスドゥコーヒー）

○ ***cold brew***

（コールドブリュー）

× コーラ

○ ***Coke***

（コーク）

× パーカー

○ ***hoodie***

（フーディー）

× ペアルック

○ ***matching***

（マッチング）

× コンビニ

○ ***convenience store***

（コンビニエンスストア）

× スーパー

○ ***supermarket***

（スーパーマーケット）

× ガソリンスタンド

○ ***gas station***

（ガスステイション）

× アパート

○ ***apartment***

（アパートメント）

× フライドポテト

○ ***french fries***

（フレンチフライ）

Chapter 9

Linking up with friends

友達同士を紹介する

GIVE ME A HUG, MAN!!

Linking up with friends

Walking on campus
キャンパスを歩く

I didn't think my professor would notice you.
Anyways, let's **link up** with my friends.
They are probably at the cafeteria chillin'.

H

教授に気づかれると思わなかったな。ところで、友達とつなげるよ！
きっと学食でゆっくりしてるはずだから。

At the cafeteria
学食にて

Yoooo what's up, Nao? I heard about you. I'm Tyler. Nice to finally meet you, man.

T

よおナオ！　君のことは聞いてるよ。僕はタイラーだよ。やっと会えたね、よろしくね。

What's up, **dude**!? I'm Ben. Give me a hug, man!

B

元気かーい？　ベンだよ、ハグするよ！

N

I'm Nao. I came from Japan to find love.
I watch you guys on YouTube all the time.
I can't believe this is real!!!

ナオです。アメリカに恋をしに来ました！
みんなのことはYouTubeでいつも見てます！
現実と思えない！

Linking up with friends

T

Did you ***get the vibe*** of how an American school is?

アメリカの学校の雰囲気は感じられた？

N

Yeah it was such a great experience.

うん、すごくいい経験ができたよ。

H

I'm glad you enjoyed it. ***I was like sorry*** professor but ***not sorry*** that I brought a stranger in.

楽しんでるようでよかった。見知らぬ人を連れてきて
教授にはごめんって感じ、いやそうでもないけど。

T

Get the most out of it while you can, right?

体験できるときにやっときな。

B

Well we have a house party tonight. Not anything crazy, but it'll be fun.
You all are invited. ***Catch you later***!

そうだ、今夜ハウスパーティーがあって、特別クレイジーではないけど楽しいはず！
みんな誘われてるからまた後で会おう！

H

Will do. See you there.

了解！　また後で。

注目フレーズ

①link up
[つながる、会う]

使用例 Let's link up this weekend.

訳 今週末会おう。

解説 link up = meet up

②dude
[やつ、男]

使用例 Thanks, dude!

訳 ありがとな！

解説 「What's up, dude?」など、語尾に付けることで親しみを表せるのと、誰に向かって話してるかが明確になる。

③get the vibe
[バイブスを感じる]

使用例 I get the vibe of the people around you.

訳 君の周りにいる人達のバイブスを感じるよ。

解説 vibe は雰囲気や感情などを表す。

④I was like ~
[～な感じだった]

使用例 When I met Ben and Tyler, I was like they are going to be in my life for a long time.

訳 ベンとタイラーに出会ったとき、彼らは自分の人生に長く関わるなって感じだった。

解説 自分の感情やどう思ったかを説明するときによく使われる。

⑤sorry not sorry
[ごめんねー思ってないけど]

使用例 "Turning on the room light"

A：Hey I'm still sleepy.

B：You were still sleeping? Sorry not sorry, it's already 10 am.

訳 "部屋の電気を点ける"

A：ねえ、まだ眠いんだけど。

B：まだ寝てたの？　ごめんけど、もう朝の 10 時だから。

解説 建前上謝ってる様子。皮肉が込められたジョーク。

⑥get the most out of
[～を最大限に活用する]

使用例 I want you guys to get the most out of it, when you study abroad.

訳 あなた達には最大限に留学を活用してほしい。

解説 与えられた物や機会を最大限活かしている様子。

⑦catch you later
[また後でね]

使用例 A：I will see you later.

B：Yeah, catch you later.

訳 A：また後で会おう。

B：おお、また後で。

解説 「Catch you later.」は「See you.」と同じような感じで使われる。「See you later alligator. 」などの言い方もある。ちなみに catch up は長らく会ってない人と、会って話すとき使われる。

⑧will do
[了解]

使用例 A：Can you send me over the text?

B：Will do.

訳 A：テキストで送ってくれる？

B：了解。

解説 「I "will do" that. 」の略。

SIDE NOTE

In America, I ***felt a*** strong ***sense of community culture***. Once you make friends, they can introduce you to other friends. It's like a friend of a friend is a friend", and that's how Ben and Tyler introduced me to so many other cool people.

Even when friends told stories about me, people wondered "Who is Haruki?" They said, "I would love to meet him ***ASAP***."

Many people knew who I was before even meeting me. "You're Haruki!" they would say.

The key to enjoying American life is to be open-minded and involved in the community.

サイドノート

アメリカはコミュニティ文化が強くて、すぐに友達同士をつなげてくれる。「友達の友達は友達」っていう感じで、僕もベンやタイラーからたくさん素敵な友達の輪が広がっていった。

友達が僕の話をすると、「ハルキって誰？」「すぐにでも会ってみたい」みたいな感じになって。

たくさんの人が僕のことを会う前から知っていて、初対面なのに「お前がハルキか！」と言われることもあったよ。

オープンになってコミュニティに入っていくのが、アメリカ生活を楽しむ秘訣《ひけつ》だよ。

注目フレーズ

① *feel a sense of*

[(～の感覚を) 感じる]

使用例 Do you feel a sense of happiness after you have done all this work?

訳 あなたはこの全ての作業を終えたら、幸福感を感じる？

解説 「感覚」を感じること。

② *community culture*

[コミュニティ文化]

使用例 Community culture has a sense of trust, belonging, safety, etc.

訳 コミュニティ文化には信頼感、帰属意識、安全性などがあります。

解説 田舎は特にコミュニティの強さを感じる。

③ *ASAP*

[できるだけ早く]

使用例 Let's get this done ASAP.

訳 できるだけ早く終わらせよう。

解説 as soon as possible の意。

動画でcheck!

A community gives you a sense of safety where you feel you can go back anytime you want and be yourself.
Family means that you will love and be loved for the rest of your life.

「コミュニティ」とは、ありのままでいつでも戻れるんだと思える安心感。
「家族」とは、一生愛し、愛されるということ。

Chapter 10

What you must never say

絶対言ってはいけないこと

N

Thank you for **showing me around**. I noticed no one asked me about my age here.

見せて回ってくれてありがとう！　誰も僕の年齢を聞かなかったね。

H

Yeah, I don't even question about age anymore because we don't have "Keigo" in English.

年齢を気にすることはもうないね、敬語も英語にはないし。

N

That's nice!! But I **have heard** there is something like "Keigo".

それはいいね！　でも敬語は英語にもあるって聞いたよ。

H

Yes, we can show respect in word choice, but it should **come out** naturally **regardless of** age.

そうだね、リスペクトがあれば年齢に関係なく言葉を選ぶし、自然とそうなるはずだよ！

N

You are right on that.

確かにそうだね！

H

We don't comment about looks either.

見た目のコメントもしないよね。

K

You cannot body shame. It is NOT OK.

"ボディーシェイム"（見た目の批判）はダメ、絶対。

Because you don't know where they are ***coming from***.

K

人の背景はわからないからね。

N

Then what would I say if I wanted to compliment other's appearance?

じゃあ見た目を褒めたかったら、なんて言うの？

Do you remember when we were at the club? People often compliment about your style. Not about your physical features.

H

クラブに行ったときのこと覚えてる？　人のセンスや“スタイル”を褒めるんだ、身体的な特徴じゃなくてね。

Those are some things you should know before coming to the US.

K

そういうのはアメリカに来る前に知っといたほうがいいよ。

N

I agree. It was worth coming to the US. I want to share my experience when I get back to Japan.

そうだね！　アメリカに来てよかった、日本に帰ったら自分の経験をシェアしないとね。

I've made mistakes without knowing it. I had to learn this all in real life ***the hard way***, but ***now I know***.

H

僕も知らずに失敗したことがあるよ。実生活から辛い方法で学ぶしかなかったけど、今はよくわかった！

注目フレーズ

①show me around

[見せて回る]

使用例 Have you been to Japan? I can show you around when you visit.

訳 日本に来たことはある？　来るときがあれば案内するよ。

解説 見せる（show）と回る（around）の合体。

②have heard

[聞いたことある]

使用例 I've heard there are hidden celebrity Starbucks menus in the US.

訳 アメリカのスターバックスにはセレブの隠れメニューがあるって。

解説 ここでの have は過去の経験があり、その経験を思い出して言うときに使われる。

③come out

[～から出てくる、～を得る]

使用例 I hope something good will come out of this meeting.

訳 この出会いから何か良いことが起こるのを願ってます。

解説 何かの結果や過程での出来事。

④regardless of

[～に関係なく、～に限らず]

使用例 Regardless of one's beliefs, we should openly discuss controversial topics.

訳 信仰に関係なく、物議をかもすようなテーマについてオープンに議論する必要がある。

解説 regard ⇄ regardless。regard は「～に関して」、less が付くと「～に関係なく」と逆の意味になる。

⑤come from

[～から来る]

使用例 I came from a normal household.

訳 私は一般家庭の出身です。

解説 物事や人の背景や、出自を説明するときによく使われる。

⑥the hard way

[辛い方法で、ハードモードで、いばらの道で]

使用例 I learned some of American culture the hard way.

訳 いくつかのアメリカ文化を辛い方法で学んだ。

解説 直訳で“難しい道”。大変な道やり方や方法。

⑦now I know

[今はわかる]

使用例 They explained it to me, so now I know.

訳 彼らが説明してくれた、だから今はわかる。

解説 今は理解してるという意思表示に使う。

SIDE NOTE

In the United States, it's generally not appropriate to comment on someone's appearance. I wouldn't even recommend complimenting things that a person can't physically change, such as natural hair, skin tone, or facial features.

If you want to show appreciation, it's better to compliment a person's style and choices, such as their sense of dress, makeup, and lifestyle.

I myself made a mistake when I was talking to a girlfriend, and her body type wasn't my preference. Looking back, I realize it was an insensitive comment to make. I honestly and respectfully told her that I didn't want to go on dates anymore, but she was understandably ***flipped out***. She taught me about body shaming and how it's taboo to talk about it, and I learned a valuable lesson.

サイドノート

アメリカでは他人の見た目について言及するのはNG。生まれ持った髪や肌の色、顔のつくりなど、物理的に変えられないものについては、褒め言葉でも言ってはいけない。

好意を見せたければ、服やメイクのセンス、ライフスタイルなど、その人のセンス的なスタイルやチョイスを褒めよう。

僕自身も、大失敗したことがあって……女の子と良い感じになったけど、体型が好みじゃなくて結局断ることに。今思えば無神経な発言だったと反省してるんだけど、理由を正直に丁重に伝えたら当然激怒されて。でもそのときにボディシェイミングについて、そしてそれを話すのがいかにタブーかを教えてくれたんだよね。そのおかげで大切なことを学ぶことができたよ。

注目フレーズ

① ***I myself*** [私自身]

使用例 I myself don't like the idea of capitalism.

訳 私自身は資本主義の考え方が好きではありません。

解説 自分の意見が尚更強調される。

② ***flip out*** [激おこする、びっくりして我を失う]

使用例 She flipped out, when I told her that the car got broken into.

訳 車上荒らしにあったことを話したら彼女は激ギレした。

解説 物がひっくり返るイメージで、急にキレたり、驚いたりする様子を表す言葉。

動画でcheck!

My brother once told me, “if everyone was the same, do we really enjoy life?”

僕の兄が言ったことがある。「もし誰もが同じだったら、僕らは本当に人生を楽しめるのかな？」

Thank you for Visiting!
Please come back again soon.
OLD·TOWN
OLD·TOWN

Chapter 11

Invited to a house party

ハウスパーティーに招待された！

They are
really digging each other.
I like that.

Invited to a house party

At Sarah's house party

サラのハウスパーティーにて

Hi nice to meet you. I'm Sarah. You have nice outfit, Nao. That's ***sick***.

S

初めまして、サラです。ナオくんいい服着てるね！
ちょーかっこいい！

N

Aww thanks.

（テレッ）ありがと。

She totally ***has a crush on*** Nao.

T

サラは確実にナオくんに一目惚れしてるよ。

He ***gotta*** do something. Otherwise nothing will happen.

H

何か行動しないと、何も始まらないよ。

You are right. By the way, where is Ben?

T

その通りだね。そういえばベンは？

He is just ***running errands***. Don't worry about him. He will be back.

H

用事済ませてるよ。心配しないで、すぐ戻ってくるから。

Invited to a house party

Nao and Sarah are laughing

談笑するナオとサラ

I'm ***just kidding***. You are so funny.

冗談よ。あなた本当に面白い人ね。

S

N

I would like to chat with you more. We should exchange numbers.

もっとお話ししたいな。電話番号交換しよう？

Indeed!

ぜひ！

S

They are really ***digging*** each other. I like that.

めっちゃお互いにのめり込んでるね～。いい感じ！

T

.......Did I miss something?

……なんか見逃した？

B

Oh hell yeah. You missed a lot, Ben. ***Noob***.

めっちゃ逃してるよ！　新入りめ。

H

Oh ***shoot***.

やっちまったぜー。

B

注目フレーズ

①sick

[イカしてる]

使用例 Your kicks are super sick.

訳 あなたの靴ちょーイカしてるね。

解説 病気という意味もあるが、「Cool!」のような褒め言葉としても使われる。

②aww

[ああ～]

使用例 A：I love you.
B：Aww I love you too.

訳 A：愛してるよ。
B：ああー、私も愛してるよ。

解説 かわいい、甘い気持ち、感動を表すのに使われる愛情表現。

③have a crush on

[～に一目惚れする]

使用例 He completery has a crush on you.

訳 彼は完全にあなたに一目惚れしてるよ。

解説 カジュアルに友達同士で使われる。

④gotta

[～しないといけない]

使用例 You gotta beat his ass...just kidding.

訳 彼はボコボコにしないと……冗談だよ。

解説 have got to の短縮。カジュアルな表現。

⑤run errands

[用事を済ます]

使用例 I had to run errands this morning before going to see the baseball game.

訳 今日の朝は野球観戦の前に用事を済ます必要があった。

解説 errand = 買い出し、用事などのこと。

⑥just kidding

[冗談だよ]

使用例 Life is just a game...Just kidding.

訳 人生はただのゲームさ……冗談だよ。

解説 Just kidding = JK と略されたりする。

⑦indeed

[もちろん]

使用例 A：Have you finished your homework?
B：Indeed! I'm done with it.

訳 A：宿題は終わらせたの？
B：もちろん、終わらせたよ。

解説 他にも、「実際に」を意味する in reality ; truly などと同意。

⑧dig

[～を楽しむ、～にのめり込む]

使用例 A：I really dig this music.
B：Yeah right, I dig this artist a lot.

訳 A：この音楽めっちゃ楽しい。
B：でしょ、このアーティストにハマってる。

解説 元々「掘る」という意味があり、のめり込んでる様子。

⑨noob

[初心者]

使用例 A：I lost the last game.
B：You are such a noob.

訳 A：最後の試合負けたー。
B：あなたは本当に初心者だね。

解説 newbie = noob

⑩shoot

[マジかよ]

使用例 Oh shoot it's already 11am. I missed my class.

訳 おおマジかよもう11時、授業逃したわ。

解説 shit = shoot

SIDE NOTE

House parties are often ***portrayed*** in American TV shows and movies. You would imagine every room is packed with ***drunk people***, and it is quite true.

Americans love house parties. I've seen students share a room with a disco ball and DJ sets, and then they ***throw a party*** every weekend.

There are free and invite-only parties. Fraternities and sororities, which are social groups found in colleges and universities, are commonly known as frat houses where parties are often held. Tyler once joined one as a student, and it was a very exclusive party. To join the organization, you need to complete crazy missions.

House parties often reflect the personality of the host through the decor and atmosphere.

サイドノート

アメリカのドラマや映画でよくあるハウスパーティー。どの部屋も酔っぱらいだらけのイメージだけど、あれは結構リアル。

アメリカ人はハウスパーティーが大好き。学生同士でディスコボールやDJスペース付きの部屋を共有して、毎週末開催したりしてた。

自由参加と招待制のとあるけど、タイラーが学生時代に入っていた“フラット”と呼ばれる校内組織のパーティーは超クローズドだったな。クレイジーなミッションをクリアしないと組織に入れないらしい。

ハウスパーティーは、内装や雰囲気に開催者の色が出るからそこも面白い！

注目フレーズ

①*portray*

[～を映し出す、～を描く]

使用例 It portrays her as a villain but she has a good heart.

訳 彼女は悪役として描かれていますが、良い心を持っています。

解説 スクリーンや、現状に映し出される状態を表す。

②*drunk people*

[酔っ払い]

使用例 I hate drunk people. I want to avoid them at all costs.

訳 酔っ払いが嫌い。何がなんでも絶対に避けたい。

解説 飲まれた人 = drunk people と書いて酔っ払い。

③*throw a party*

[パーティーを開催する]

使用例 I'm throwing my birthday party this weekend. You guys are invited with a plus one.

訳 今週末に誕生日パーティーを開催します。ゲストを1人一緒に連れてきて下さい。

解説 throw a party で「パーティーを開催する」の意味になる。

動画でcheck!

There is nothing better than sharing happiness with your friends and family.
Inviting them to a house party shows that you care and want to share the joy.

友達や家族と幸せを分かち合うことほど、最高なことはないね。
ハウスパーティーに彼らを招くことは、思いやりであり、喜びの分かち合いでもある！

Chapter 12

Ask for a date by text

テキストでデートに誘う

Texting

サラとメッセージのやり取り

S: Thank you for coming to the party the other day.

この間は来てくれてありがと。

N: **OFC**. I had a lot of fun.

もちろん！　すごい楽しかった。

S: I'm glad to hear that. **BTW** you left your wallet here.

それはよかった！　そういえば、財布忘れてたよ。

N: I intentionally left it for you.

わざと置いていったんだよ。

S: What!?

え？

N: JK lol

冗談ｗｗ

S: **LMAO** Your jokes are always on point.

ｗｗｗｗいっつも面白いよね。

N: **#goals** but **TY**.

それこそ目指すゴール、ありがと。

S: lol I think you are cute.

ｗｗ かわいいよね。

N: Aww **thx**. **BTW** wanna grab a cup of coffee or something?

テレ、ありがと。ところで今度コーヒーでも飲みに行く？

S: Sure!! **LMK** when.

ぜひ！　いつか教えてね。

N: **OFC**. **TTYL**.

もちろん。また後で話そう！

S: **HMU** later.

いつでも気軽に連絡してね。

Later

後日

N: Hey Sarah, does this Sunday work for you?

サラ、この日曜日とか行ける？

S: Sure! Where are we going?

行けるよ。どこに行くの？

N: I'm thinking of this overpriced coffee shop. **AKA** the diner.

あの値段が高いことで有名な、ダイナーだよ。

S: Haha, you are **prolly** right. That sounds good to me.

あはは、きっとそうだね。いいよ！

N: Alright, later!!

よっしゃわかった、またね！

Message

注目フレーズ

①OFC

[もちろん]

使用例 A：Did you submit your report?
B：OFC.

訳 A：レポート提出した？
B：もちろん。

解説 of course = OFC

---

②BTW

[ところで]

使用例 BTW, what was the name of the restaurant we went to yesterday?

訳 そういえば、昨日行ったレストランの名前わかる？

解説 by the way = BTW

---

③LMAO

[大笑い、大草原]

使用例 That's hilarious LMAO

訳 それはめっちゃウケるねwwwwww

解説 LMAO = laughing my ass off。大爆笑してるイメージ。

---

④#goals

[ゴール、目標]

使用例 Aww they are such a cute couple. #goals

訳 あ〜彼らはほんとかわいいカップルだね#ゴール

解説 インスタグラムから流行った表現。目指したい、なりたい、うらやましいものや理想に対して使う。#を使った表現はテキストでもよく見られるようになった。

---

⑤TY, thx

[ありがとう]

使用例 A：Say hello to my grandpa for me, thx.
B：OK, TY.

訳 A：おじいちゃんによろしく伝えてね、ありがと。
B：オッケーありがと。

解説 Thank you = TY、Thanks = Thx

⑥LMK

[教えてね]

使用例 LMK if you guys are going to Starbucks. I wanna try the holiday drink.

訳 スターバックスに行くとき教えてね、ホリデースペシャル飲みたい。

解説 let me know = LMK

---

⑦TTYL

[また後で話そう]

使用例 A：It was nice to see you.
B：Yes, it was a pleasure to see you as well. TTYL.

訳 A：会えてよかった〜。
B：会えて光栄だったよ、また後で話そ！

解説 talk to you later = TTYL

---

⑧HMU

[連絡してね]

使用例 A：It was fun hanging out with you. HMU, if you have something up.
B：OFC. I will hit you up.

訳 A：一緒に出かけて楽しかった。また何かあったら連絡して。
B：もちろん。また連絡するね。

解説 hit me up = HMU

---

⑨AKA

[〜としても知られる、〜でも有名な]

使用例 Haruki is a Japanese YouTuber AKA Haruki College Life.

訳 ハルキは日本人YouTuber、ハルキカレッジライフとしても知られる。

解説 also known as = AKA

---

⑩prolly

[多分、きっと、〜ぐらい]

使用例 A：Hey, what time do you think you will be at the park?
B：I dunno, prolly at 8pm.

訳 A：何時に公園に来る？
B：わからないけど、8時ぐらいかな。

解説 probably の略。＊dunno = don't know

SIDE NOTE

There are some emojis that you should ***be aware of*** when to use and when not to use. People in Japan often use emojis, but some emojis could have a totally different meaning in the US.

Americans also use a combination of symbols such as ":) ;) ;(:(<3 ", and "KAWAII culture" lovers use emojis a lot more.

A lot of the time I use LINE with Japanese friends; however, with Americans I use all different platforms, IG, FB, Snapchat, WhatsApp, discord, telegram, and SMS, some people send voice messages which makes it difficult to ***keep an eye on*** every message.

サイドノート

使うべきとき、使ってはいけないときを気をつけたほうがいい絵文字があるよ。日本人はよく絵文字を使うけど、アメリカでは変な意味にとらえられるものもあるので要注意！

アメリカではそれよりも「:)」とか記号の組み合わせで感情を表現する人が多い。キラキラした絵文字をよく使うのは「KAWAII 文化」が好きな人って感じ。

テキストも日本人とはLINEだけだけど、アメリカ人の友達や海外の人とはIG、FB、スナップチャット、ワッツアップ、ディスコード、テレグラム、SMS、などなど、人によってはボイスメッセージを送ってくる人も。それぞれ確認するのは大変……。

注目フレーズ

① be aware of ［～に気を配る］

使用例 Be aware of shipping costs when shopping online.

訳 オンラインでショッピングするとき、送料に気をつけてね。

解説 「目を覚ました状態」のイメージ。

② keep an eye on ［～から目を離さない、～を見ておく］

使用例 Can you keep an eye on my bag for me?

訳 少しカバン見といてもらえますか？

解説 少し席を外す際、知らない人に物を見ておいてほしいとお願いするときにも使える。

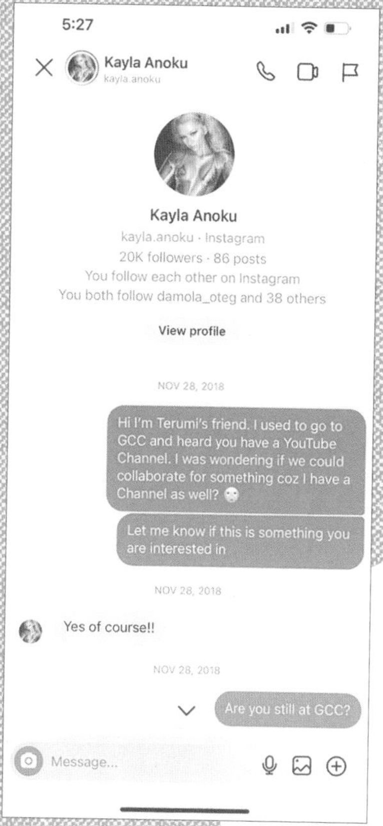

5:27
Kayla Anoku
kayla.anoku
Kayla Anoku
kayla.anoku · Instagram
20K followers · 86 posts
You follow each other on Instagram
You both follow damola_oteg and 38 others
View profile
NOV 28, 2018
Hi I'm Terumi's friend. I used to go to GCC and heard you have a YouTube Channel. I was wondering if we could collaborate for something coz I have a Channel as well?
Let me know if this is something you are interested in
NOV 28, 2018
Yes of course!!
NOV 28, 2018
Are you still at GCC?
Message...

The first contact with Kayla was through DMs on November 28th, 2018, where I asked her to collaborate.

I accidentally used an emoji with an annoyed face, not knowing what it meant. However, she was still interested in filming a video together.

ケイラとの最初の連絡は、2018年11月28日にDMでYouTubeのコラボをお願いしたこと。

意味をわかってなくて（迷惑顔）の絵文字を使ってしまったんだけど、彼女は一緒に動画を撮影してくれました。

おまけ3

使うのに要注意な絵文字

P94で書いたように、日本では普通に使われていても、アメリカでは別の意味としてとらえられてしまう絵文字がある。ここでは、それについて解説するよ。
意図せずトラブルになってしまうこともあるから、アメリカ人にかぎらず、外国の人とやり取りするときは注意してね！

[ムラムラしてる]

使用例 ITS MY BIRTHDAY😈😈😈

訳 今日は俺の誕生日だぜえええええ（ムラムラムラムラ）

解説 アメリカでは誕生日にセックスすることが、ある意味お祝いの形として1つの慣例みたいなっている。
このほかにも💦🍆🍑👅💋などは性的な絵文字として使われるので、要注意！

[「ピュアだよ」アピール]

使用例 Tom wanted Netfilix and Chill but I wasn't sure what He was talking about😇

訳 彼が「ネットフリックス＆チルしよう」って。でも何のことを話してるかわからなかったよ（本当はわかってるけどね）。

解説 天使のようにピュアで、何も理解していない純粋さを表す顔文字。
Netflix & Chill について詳しくは P123 を見てね。

[セクシーで最高に素晴らしい人や物]

使用例 OMG!!!! He is so hot🔥🔥🔥

訳 わー！ 彼はなんてカッコいいんだ！🔥🔥🔥

使用例 The show last night was fired

訳 昨日のショーは最高だったね!!

解説 燃えるようにセクシーだったり、最高に素晴らしい人や物を表す。

[乗り気じゃない、不思議な、イライラ]

使用例　Did you hear SONY announced a new camera, when I'm always out of money

訳　ソニーが新作のカメラを発売発表したの聞いた!? いつもお金がないときなんだよね〜。

解説　ローリングアイを表す顔文字。アメリカでは望ましくない状況のときなど、Facial Expression（顔表現）として実際に表情に出す人もいる。
僕は知らずに、初めてケイラにコンタクトを取るとき使ってしまった……。

[グッドラック、幸運を祈ってるよ]

使用例　Hey, you have an exam today? Good Luck

訳　今日テストあるんだって？ がんばれよ

解説　アメリカには Cross Finger をすることで「幸運を願う」という意味がある。実際にリアルの生活でもカジュアルに使われる。

[電話して！（するね〜)]

使用例　Catch you up later, man

訳　また後でね〜！

解説　「Catch you up later.」は若者英語で、「また後でね」という意味でよく使われる。使用例では「電話するね」の絵文字として使用しているが、「テキストするね」や「また会おうね」の意味でも使われる。

[愛してる]

使用例　See you later, babe

訳　また後でね〜（I love you.）

解説　アメリカン・サイン・ランゲージの ILY を 1 つにまとめた絵文字。カップルや家族の場合、アメリカでは「I love you.」と伝えるのが挨拶代わりで、リアルでもカジュアルに使われたりする。

Chapter 13

Differences in comedy

日本とアメリカの「お笑い」の違い

Telling jokes based on their story.
Point8

Differences in comedy

Nao is watching YouTube

YouTubeを見ているナオ

N

Hahaha, he is so funny.

あははは（笑）　めっちゃ面白いなこの人。

H

You know him?

彼を知ってるの？

N

I don't know but he is an Asian dude that talks about his story in the US.

知らないけど、アジア人としてのアメリカでの自分の体験語ってる。

H

He is Jimmy O. Hong Kong-American actor, stand-up comedian.
He talks about his culture shock coming to the US. His content is super relatable, sharing his Asian-American perspective.

ジミー・Oだね。香港系アメリカ人で、俳優でありスタンドアップコメディアンでもある。
彼はアジア人として、アメリカに来て受けたカルチャーショックの話をするから、親近感があってすごくいいね。

N

What is stand-up ***anyway***?

っていうかスタンドアップって何？

H

Stand-up comedy is a comedy performance where a comedian performs in front of a live audience, usually telling their story.

聴衆の前でコメディパフォーマンスをするんだよ。たいていは自分の物語や経験を伝えるかな。

Differences in comedy

N

Comedy in the US is so different. I don't like how we humiliate each other about looks. That could lead to body shaming in Japanese society.

アメリカのコメディの形は全然違うよね。お互いの見た目を貶し合う日本のお笑いは好きじゃない。日本社会のボディーシェイミングを助長してると思う。

H

I agree with you. I like some parts of Japanese comedy such as "Suberanai-hanashi" because it's like stand-up comedy, telling jokes about their story.

賛成。『すべらない話』とかは、スタンドアップコメディみたいに、個人の物語や経験について話すのがいいね。

K

Some of the old Japanese comedy is so weird.

日本の古いお笑いは本当に変なのあるよ。

H

Welcome to Japan.

日本へようこそ！

N

I hope comedy that doesn't hurt others will be the new standard.

他人を傷つけないお笑いが新しいスタンダードになる時代がくればいいよね。

H

By the way you should check these guys out, my top 4 stand-up comedians.

そういやこの４人のコメディアンもお気に入りだから見てみて〜。

注目フレーズ

① *hahaha* [(笑)、www]

使用例 That's so funny haha.

訳 それマジで面白い（笑）

解説 笑い声。「(笑)」のように使われる。

---

② *anyway* [とにかく]

使用例 Well, it doesn't matter anyway.

訳 まあ、とにかく関係ないし。

解説 トピックや空気感を変えるときに使われる。感情を切り離して理性的に物事を述べるときなどにも。

---

③ *I agree with you* [あなたの意見に賛成]

使用例 I agree with you in that aspect.

訳 その点では賛成だね。

解説 意見を交わすことが多いアメリカ。相手へのレスポンスの入りによく使われるフレーズ。　＊ I disagree with you. ＝あなたの意見には反対。

---

④ *welcome to Japan* [日本へようこそ]

使用例 A：Have you ever been to Robot restaurant? It was so cool.
B：Welcome to Japan.

訳 A：ロボットレストランには行ったことある？　マジですごかった。
B：日本へようこそ。

解説 カルチャーの違いに驚きを感じた外国人に、皮肉も込めて「これが“日本”です、いらっしゃい」。

---

⑤ *by the way* [ところで、そういえば]

使用例 I'm Haruki, by the way.

訳 そういやあ、私は、ハルキです。

解説 自己紹介などが遅れたときに王道で使われるフレーズ。

SIDE NOTE

American humor is often seen in the form of stand-up comedy, which involves storytelling about one's upbringing and difficulties in an ***engaging*** way. This is similar to "Suberanai-hanashi" in Japan.

Comedians in the US often push the boundaries of unspoken rules by joking about politics, vested interests, organizations, and even topics related to racism, which are generally perceived as the "dark side of society".

Instead of making fun of people or their insecurities, I believe it would be great to have Japanese comedians joke about the "dark side of Japanese society" to open up conversations and bring about positive changes.

Comedy has a significant impact and can reflect society's values. I hope that we can use the power of comedy in one way or another to improve society.

サイドノート

アメリカのお笑いは、ストーリーで笑いをとる「スタンドアップコメディ」が主流。自分の生い立ちや苦労話などを面白く伝える。日本の『すべらない話』に近いかな。

政治、既得権益、組織など触れてはいけないとされることをジョークで上手く打ち明ける感じ。レイシズムへのジョークとか、共通認識されてる「社会の闇」を笑いで提起してるよ。

人を馬鹿にしたり、危険なことで笑いをとるのではなく、日本でも「日本社会の闇」をネタにすることで、会話を広げて、ポジティブな変化をもたらせたらいいなと思う。

お笑いは大きな影響力があるし、社会の鏡でもある。お笑いの力が何かしら社会がより良くなる方向に使われたらいいなと思ってる。

注目フレーズ

① ***engaging*** [夢中にさせる～、関心を集める～]

使用例 A highly engaging video hooks people's attention.

訳 夢中にさせる動画は人の注意を引く。

解説 カタカナでエンゲージメントと訳されることもある。

My friend once told me living with me was so much fun.
We come from different backgrounds and bring different perspectives in life. Just like a rainbow, different colors complement each other.

友達が前に、「お前と一緒に生活するのが本当に楽しいよ！」と言ってくれたことがある。
僕らはそれぞれ異なるバックグラウンドを持っていて、お互いの人生に異なる視点をもたらし合える。虹みたいに、別の色同士がお互いを引き立て合うんだよ。

Chapter 14
New York is not safe?

NYCは安全じゃない？

There are so many cops on NYC street...
NYPD
Point8

New York is not safe?

Walking on NYC street

ニューヨーク市内のストリートを歩くハルキ一行

N

There are so many cops on NYC streets.
What's up with all that?

NYCは警察官がすごく多いよね、何でなの？

H

I'm used to seeing cops in the city now. One time I saw a guy right in front of me, stealing a bicycle with a chain saw, literary cutting the chain tied to the street pole. Everything happened in less than 5 seconds.

シティーにたくさん警察がいるのは見慣れたね。一度目の前で、チェーンソーを持った男が5秒以内で自転車のチェーンロックを切って盗んでいくのを見たよ。

N

Wow....It's scary.

ワーオ……。怖いね。

H

It made sense to me as to why there are many cops on the street.
My friend from LA told me that the police in NYC (NYPD) is more ***easygoing*** than LAPD (LA police department) .

何で警察がここまでたくさんいるのか、理解できた瞬間だったね。LAの友達はNYの警察のほうがLAPD（ロサンゼルス市警）より優しいって言ってたよ。

K

Really? I would think it's ***the other way around***.

ほんとに？　逆だと思った。

New York is not safe?

When you come to the US you are a minority. I got **pulled over** for speeding once and he accused me that I was also out of the lane, which was **bullshit**.
I could have fought back if I had known better.

H

アメリカに来たらマイノリティーになるよ。
スピード違反で止められたとき、レーンもはみ出てるからと余分にチケットを切られた。ふざけんなだよ！
もっとよく知ってれば、闘えたのに。

It's a **systemic problem**. Police quota still exists, even though it is banned in most of the states.
Not to mention all of my white friends haven't gotten tickets even they have been **pulled over** many many times.

H

システムの問題なんだよね。禁止になった州がほとんどだけど、警察のノルマは存在する。
言うまでもなく、白人の友達は何回止められてもチケットは切られてない。

That's unfortunate. You would want to know 2 things if you ever **happen to** get arrested. First, you can make a phone call once to have someone **bail you out**. Second, you are allowed to remain silent. Magical phrase is "I **plead the 5th**".

K

それは不幸だね。逮捕されたときのため覚えておくべきなのは、保釈のため電話を１回かけられること。そして "黙秘権" があること。マジカルフレーズは「プリードゥ ザ フィフス」。

Just **a heads-up**.

H

とりま頭に入れといてね！

注目フレーズ

①easygoing
[気さくな、ノリのいい]

使用例 People in LA are super easygoing, weather might be a big factor.

訳 LA にいる人はすごく気さくだよ、気候の影響は大きいかもね。

解説 easy（簡単、楽）going（進む）の 2 つの単語を合わせて、楽に、気さくに行く人と解釈できる。

②the other way around
[逆の、逆]

使用例 I would think it's the other way around.

訳 逆だと思うけどね。

解説 違う道を選ぶ、通る。

③pull over
[(パトカーに）止められる]

使用例 I got pulled over this morning for speeding. That was bullshit.

訳 今日の朝（パトカーに）止められたよ、マジでくそ。

解説 スピード違反など、パトカーに止められるときに使う。

④bullshit
[でたらめ、たわ言]

使用例 That's bullshit.

訳 それはでたらめだな。

解説 「牛のクソ」と書いて、でたらめ。

⑤systemic problem
[システムの問題、構造の問題]

使用例 I thought this is a systemic problem.

訳 これは組織上の問題だと思ったよ。

解説 社会的なことに限らず、システムのエラーを指摘するときに使われる。

⑥not to mention
[言うまでもないけど]

使用例 He is such a good cook, not to mention a good sense of humor.

訳 彼の料理は素晴らしい。言うまでもないけど、ユーモアもある。

解説 「言うまでもない」とあえて言うことで、後に言うことを強調する。

⑦happen to
[たまたま～になる]

使用例 It happens to be there.

訳 たまたまそこにある。

解説 たまたま起きた現象を説明するとき使える。

⑧bail you out
[保釈する]

使用例 Someone has to bail him out.

訳 誰か彼を保釈しないと。

解説 保釈金を払うこと。あまり聞くことはないが、知っといて損はない。

⑨plead the 5th
[黙秘権を使う]

使用例 A：Anything you say from now can be used against you.
B：I plead the 5th.

訳 A：これからの発言はすべて不利になる可能性があります。
B：黙秘権を行使します。

解説 アメリカで逮捕されたとき使えるので、覚えとくと良いでしょう。

⑩a heads-up
[気をつけて、前もって言っておく]

使用例 Thank you for the heads-up.

訳 (前もって）連絡してくれてありがとう！

解説 直訳で頭を上げる→気をつける。「Hey, heads up!（おい、気をつけろ！)」など、watch out のような使い方もできる。

SIDE NOTE

To be honest, ***public safety*** in the United States is nothing you can compare to Japan. Since I've been here, there were shootings in my neighborhood, murders near my friend's house, and bicycle thefts literally in front of me in broad daylight.

Japan is really peaceful. I was surprised that there was no security at the luxury car exhibit in Japan. In the United States, security is everywhere, in apartments, at clothing stores, at grocery stores and on the streets. Kayla also "felt very safe" when she was in Japan.

Unfortunately, there are quite a few police officers who are abusing their power, who unfairly arrest people by ***racial profiling*** or give tickets for the sake of their work performance. Remember this, we are a "minority" in America.

サイドノート

正直、アメリカの治安は良くない。僕が来てからも、近所で銃撃があったり、友人宅の近くで殺人があったり、自転車の盗難は人通りがあるなか白昼堂々行われてた。

日本は本当に平和。帰国したとき、高級車の展示に警備員がいなくてビックリ！　アメリカでは、アパートメントや服のショップ・スーパーや通りにすらいる。ケイラも日本にいるときは「すごく安全に感じる」と言ってた。

残念ながら、正義のはずの警察官が人種差別で不当逮捕をしたり、職業成果のために違反チケットを切ったりするのは結構ある。アメリカでは僕らが“マイノリティ”なことを忘れずにね。

注目フレーズ

① public safety [公共の安全]

使用例　The number one concern is public safety.

訳　1番の懸念は公共の安全です。

解説　いわゆる「治安」のこと。日本は最高。

② racial profiling [レイシャル・プロファイリング]

使用例　People were calling him out for racial profiling.

訳　人々は彼がレイシャル・プロファイリングをしたと責めていた。

解説　警察官や保安官といった法の執行人が、民族、宗教、国籍等の属性に基づいて人を疑ったり、標的にしたり、不当な取り調べをすること。

動画でcheck!

If you ask cops, they usually take a picture with you and help with directions even though they look very intimidating.
They told me no when I asked for a YouTube interview once, though.

警察官は、めっちゃ威圧的に見えるけど、お願いすると一緒に写真を撮ってくれたり道を教えてくれたりもする。
一度YouTubeのインタビュー取材をお願いしたときは、「ノー」と言われたけどね。

Chapter 15

First date at a diner

ダイナーで初デート！

This diner is very aesthetically pleasing!
I KNEW IT!!

First date at a diner

Sunday, day of the date

日曜日、デート当日

S

This diner is very **aesthetically pleasing**. **Instagram worthy**!!

このダイナーすごいおしゃれ。インスタ映えだね！

N

I knew it! This place is my favorite. **Speaking of which**, I'm gonna add you on Instagram.

でしょ、お気に入りなんだ！ そうだ、インスタ追加するね。

S

Sweet.

いいよ〜。

N

So **what do you like to do?**

趣味はある？

S

I like taking pictures and going on trips. I love Miami Beach so much. I love that vibe. And the Bahamas is my next place.

写真撮ったり、旅行に行ったり。マイアミビーチとか雰囲気が最高で大好き！　次はバハマへ行くよ。

N

Ohh, the Bahamas is **on my bucket list**. I already added you on Instagram but can I also add going to the Bahamas with you on my bucket list?

おお、バハマは死ぬまでに行きたい場所だよ！
インスタ追加に続けて「死ぬまでにしたいことリスト」に追加していい？

First date at a diner

S: Well, ***I'm down for*** the Bahamas.

いいよ、バハマ行こうね！

N: Alright then. ***What are you planning on doing after school*** ? ***Do you have career goals?***

了解っす。卒業後はどうするの？　キャリアの目標は？

S: My family owns a hair salon and we are trying to expand our business by franchizing.

家族がヘアサロンをやっていて、フランチャイズで拡大していこうとしてるよ。

N: How fun. Speaking of hair, I heard American girls don't like bangs on guys.

いいねー！　そういや髪の話だけど、アメリカ人女子には男の前髪がウケないって聞いたんだけど。

S: It all depends on the person. I like you the way you are. I think you are cute. (kiss!)

人それぞれだよ！ そのままのあなたが好き。あなたをかわいいと思ってるよ（キス♡）。

N: !!! Aww...

テレ……

注目フレーズ

①aesthetically pleasing

[見た目がきれいな]

使用例 There are many aesthetically pleasing buildings in NYC.

訳 ニューヨークシティには美しい建物がたくさんあります。

解説 aesthetic =美的な　please= 喜ぶ

②Instagram worthy

[インスタ映え]

使用例 Five most Instagram worthy restaurants in NYC.

訳 ニューヨークシティで最もインスタ映えする５つのレストラン。

解説 worth = 価値のある

③I knew it

[知ってた、やっぱり]

使用例 I knew it!! You would love this present.

訳 やっぱり！ このプレゼント気に入ると思った。

解説 興奮した感情を表すのによく使われる。

④speaking of which

[そういえば]

使用例 Speaking of which, has anyone here seen my phone?

訳 そういえば、ここにいるどなたか私の携帯を見ましたか？

解説 which の部分を話したいトピックにした使い方もよくされる。「Speaking of him, he just called me.（訳：彼といえば、ちょうど彼から電話があった）」など。

⑤sweet

[いいね]

使用例 That's so sweet.

訳 それは本当にいいね。

解説 「甘い」だけじゃなく、好ましい人や物への感情表現にもよく使われる。

⑥What do you like to do?

[何をするのが好きなの？]

使用例 What do you like to do aside from playing sports?

訳 スポーツ以外は何をするのが好きなの？

解説 相手を知るのによく使われる質問。「What do you do for work?（訳：仕事は何してるの？）」などもよく聞かれる。

⑦on my bucket list

[死ぬまでにやりたいこと]

使用例 Ayahuasca is on my bucket list.

訳 アヤワスカは私が死ぬまでに飲みたいお茶の１つです。

解説 首吊り自殺のときバケツに乗るのに由来してると言われ、kick the bucket は「死ぬ」の婉曲表現。

⑧I'm down for

[〜に賛成]

使用例 I'm down for whatever.

訳 私は何にでも賛成だよ。

解説 カジュアルに使えるフレーズ。

⑨What are you planning on doing after school?

[卒業後は何をする予定なの？]

使用例 What are you planning on doing after school, if you have already decided?

訳 卒業したら何をする予定なの？ もし決めてたらだけど。

解説 学生同士で相手を知るためによく使われる質問。

⑩Do you have career goals?

[キャリアの目標はありますか？]

使用例 Do you have career goals, if you don't mind sharing with us?

訳 私たちと共有してもよければ、キャリアの目標はありますか？

解説 キャリア重視のアメリカ。相手を知るためによく使われる質問。

SIDE NOTE

Diners are the American "heart of the people". Kayla really likes diners; they are known for breakfast and brunch, eggs, hash browns, bacon, pancakes, and so much, so they have typical American breakfast. ***It's equivalent to*** having rice with miso soup in the morning as Japanese.

I remember my first time going to a diner was with my school friends, we ordered milkshakes and hung out throughout the night.

The equivalent of this would be family restaurants like Saizeriya, Denny's etc. Every time I go there, it makes me feel like I'm at home. ***If you have a chance to*** go out, you will see ***what I mean by*** "the heart".

サイドノート

ダイナーはアメリカで"国民の心"的存在。ケイラもダイナーが好き。主に朝ごはんやブランチで使われて、卵、ハッシュブラウン、ベーコン、パンケーキ……といったような、日本でいう「ごはんとお味噌汁」的なものが食べられるところだよ。

初めてダイナーに行ったのは学校の友達とで、ミルクシェイクで深夜まで語り合ってたなぁ。

日本でいうとファミレスの立ち位置が近いかな？　いつ来ても自分の家にいるような感覚になるよ。せっかくアメリカを訪れたのなら、ぜひその「心」を体験していってね！

注目フレーズ

① *A is equivalent to B*

[AはBとイコール、AはBみたいなもの]

使用例 Studying a second language is equivalent to gaining a new emotion for yourself.

訳 第二言語の勉強は、自分自身に新たな感情を会得することと同じです。

解説 アメリカ人に日本のカルチャーを説明するとき、よくフレーズを使ってる。

② *If you have a chance to ~*

[もし～するチャンスがあるなら]

使用例 If you have a chance to connect with a big name, try to have good vibes and bring positive energy.

訳 有名人と繋がるチャンスがあるなら、雰囲気良くポジティブなエネルギーを持っていけるようにね。

解説 「もし～ならば」系フレーズ。「chance」を別の単語にしていろんなパターンに使える。

③ *what I mean by*

[～で意味するところ]

使用例 What I mean by accepting the difference is to be who you are.

訳 違いを受け入れるとはどういうことかと言うと、本当の自分になるということ。

解説 説明したいことがあるとき、相手の注目を得る最初の言葉として使える。

動画でcheck!

I love diners' hash browns. Kayla love drinking chocolate milk.

僕はダイナーのハッシュブラウンが大好き！ ケイラはチョコレートミルクがめっちゃ好き。

Chapter 16

Let's go to watch Major League Baseball

メジャーリーグを見に行こう！

WOW, he is so big in the field.
That might be Ohtani.
17

Let's go to watch Major League Baseball

N

Today we are going to watch Major League Baseball game. I'm so ***hyped***.

今日はメジャーリーグを見に行く日だよね、めっちゃ楽しみ。

H

Me too, I can't wait to see the real Ohtani Shohei. He is a legend. ***Period***.

おれも大谷翔平を見るの待ちきれない。彼は伝説だよ。以上。

K

Who is he?

誰なの？

N

He is the most valuable baseball player in the world right now.

Because he is the first player in the ***modern era*** to qualify for both hitting and pitching in one season.

彼は今世界で一番価値のある選手だよ。
何せ、1シーズンで打者と投手の両方の資格を得た現代で初の選手だからね！

H

If he'd been born in America, ***it would have been*** much much bigger news in the US, just like Babe Ruth.

もし彼がアメリカで生まれてたら、ベーブ・ルースみたいにもっとアメリカでもニュースになってただろうね。

Let's go to watch Major League Baseball

At the stadium....
スタジアムにて

N

WOW, the field is a lot closer than I thought.
It feels so much closer to the players.

うわー、フィールドが想像以上に近いね！　選手がすごく近くに感じるよ。

H

Yeah right, that's what I like about the Major League Baseball.

そうだよ、そこがメジャーの好きなとこなんだよね！

K

I want to get some food and drinks.

何か食べ物と飲み物が欲しいな。

H

Yes queen, food are ***on this way***.
Hey it's about to start. That might be Ohtani.

はいクイーン、食べ物はこちらになります。
ほら、もうすぐ始まるよ、あれが大谷かも。

N

WOW, he is so big in the field.

わーお、彼はフィールドでも大きいね！

K

WOW, this pizza is so good.

わーお、このピザおいしいね！

H

Let's goooo !!

いけ――!!

注目フレーズ

① hype [興奮する、盛り上がる]

使用例 The party was really hyped!

訳 あのパーティーマジで盛り上がってた！

解説 興奮や盛り上がりが宣伝や話されてる内容と一致している様子。若者によく使われる。

---

② period [以上]

使用例 Cinema cameras are expensive. Period.

訳 シネマカメラは高い。以上。

解説 period は期間や生理という意味もあるが、スラングで「以上。」の意味もある。それ以上に解説が必要ないときや、発言を強調したいときに使われる。使用例では、シネマカメラは高いと共通理解されているので period と付けることで１つの事実としてより強調できる。ビーチ好きの人は「The beach is beutiful. Period.」と言えたり。

---

③ modern era [現代]

使用例 In my view, this is what should happen in the modern era.

訳 私の見解では、これが現代に起こるべきことです。

解説 現代の時代性について話すときなど使える。

---

④ it would have been ～ [～だっただろう]

使用例 It would have been wonderful, if the sky had been clear.

訳 空が晴れていたら最高だったのになぁ。

解説 もし～だったらこうなっていただろうという仮想。

---

⑤ on this way [こちらです]

使用例 Your seats are on this way.

訳 あなたの席はこちらになります。

解説 道案内や、何かが届くときなどに使われる。

---

⑥ Let's goooo [いけ―― !!]

使用例 I'm dropping a new album tonight. Let's goooo!!

訳 今日の夜に新曲を出すよ。いけ―― !!

解説 盛り上がってる様子。

SIDE NOTE

I personally don't have many friends that like / play baseball in the US. You would be surprised to know how popular baseball actually is in Japan or even any sports in general. In the US, a lot of times you find the locals care about their team's game.

However, the sports are ways to ***control the mess***. When a national team plays against an other national team, it releases the tension between the countries.

サイドノート

僕自身には、野球が好きだとか、やっている友達はアメリカであまりいない。日本では野球の人気がびっくりするくらい高いというか、スポーツ全般そう言える。アメリカでは大体、地元の人達がホームチームを気にかけているぐらい。

だけど、スポーツは「混乱を制御する手段」でもある。国の代表チームが他の国の代表チームと戦うとき、国同士の緊張がほぐれるからね。

注目フレーズ

① *I personally* [個人的には]

使用例 I personally like STUDIO GHIBLI over Disney.

訳 個人的にはディズニーよりジブリのほうが好き。

解説 個人の意見を、周りの意見や評価を関係なしに主張したいときに使える。

② *control the mess* [混乱を制御する]

使用例 I was taught in college that the sport is to control the mess.

訳 私は大学で、スポーツは混乱を制御することだと教わりました。

解説 mess = めちゃくちゃな状態。それをコントロールするイメージ。

動画でcheck!

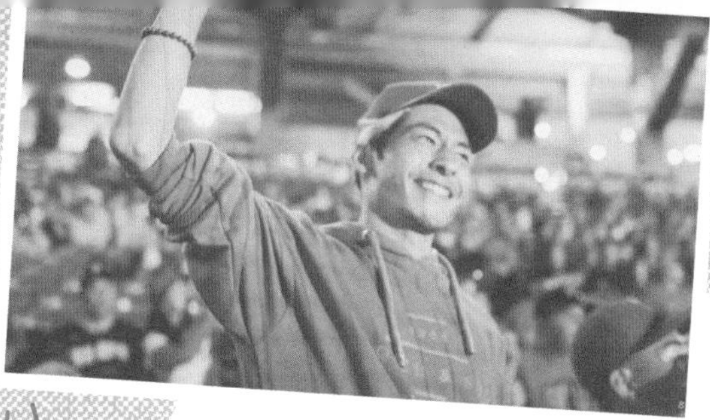

There is something about a thousand of people gathering and hyping up for the team in a stadium together.

The energy you receive when your favorite player scores or when your team wins is the best moment.

何千人もの人々がスタジアムに集まって、チームのために一緒になって熱狂するのは特別なこと。

好きな選手が得点したり、チームが勝利することでエネルギーをもらえるのは最高の瞬間！

おまけ 4

本編に入りきらなかった 注目フレーズ集 その 1

ここでは、本編に入れられなかったけど、NY のリア充たちに
よく使われているフレーズをまとめて紹介していくよー！
ベンのお母さんにも通じなかったくらい最新のもあるよ（笑）。
ネイティブと話すときに言えたらめっちゃウケるはずだから、ぜひお試しあれ！

①I'm pumped

[期待してる、興奮してる、楽しみ]

使用例 I'm so pumped for the next game.

訳 次の試合めっちゃ楽しみ！

解説 筋肉がパンプアップするようなイメージ、全身で興奮している。

②on fire

[最高だね！]

使用例 A：Did you see my video.
B：Yeah, that was on fire.

訳 A：昨日の動画見た？
B：最高だったよ！

解説 炎が燃えているような盛り上がりを表すときに使われる。日本で言う「炎上」の良いバージョン。

③savage

[やっば！、めっちゃすげぇ]

使用例 A：I did 50 push ups in 60 seconds which is the world record.
B：WTF!? That's savage dude.

訳 A：1 分間に 50 回腕立て伏せしたよ、ギネスレコードらしいよ。
B：まじかよ !?　すごすぎでしょ !!

解説 savage には「野生、ワイルドな」などの意味があるが、驚くほどすごいことを達成したときなどにもカジュアルに褒め言葉として使われる。*WTF は「What the fuck.」の略。

④dope

[カッコいい]

使用例 That's dope.

訳 それカッコいいね。

解説 カッコいい、イカしてるなどの意味があると同時に、薬物の意味で使われる単語でもあるので文脈に注意して使おう。

⑤#hashtag

[ハッシュタグ]

使用例 A：I'm such a workaholic.
B：Don't be!! Spend time with us. #familyfirst

訳 A：働くことに依存してるわ。
B：やめな、私達とも時間を過ごしてよ、# ファミリー 1 番だよ。

解説 P93 に登場した #goal のように、日常会話にも # を使うことで、会話のアクセントになる。
の後は、自分の好きなことに言い換えるのも OK！　クリエイティブに会話を楽しもう。# Floridalife #YOLO = You only live once

⑥sugarcoat

[やわらかく言う、遠回しに言う、オブラートに包んで言う]

使用例 I don't like to sugarcoat anything, I like to be honest. You stink.

訳 遠回しなのは嫌いだから正直に言うけど、あなた臭いよ！

解説 食品や薬に糖衣をかける意味から、言葉にトゲがないようにオブラートに包んで何かを言うこと。

⑦girl code

[女子同士での暗黙の了解]

使用例 You fool. You broke our girl code. Damn ass.

訳 馬鹿なの!? 女子同士の約束を破るなんて、この馬鹿が！

解説 girl code とは女子同士の暗黙の了解であり、仲の良い友達との間でだけの話など。たとえば友達の元カレとは付き合ったり、関係を持たないなど。

⑧flex

[自慢]

使用例 Weird flex. But OK.

訳 変な自慢だね。まあいいか。

解説 flex the muscleで「筋肉に力を入れる」という意味から、flex で「力を入れる→強がる→自慢」として使われるようになった。
たとえば友達が自慢話をしてきたら「Don't flex.(自慢すんなよ)」や「Nice flex.(見せびらかしてきてるね)」や「You are flexing.(自慢しやがって〜)」など使える。

⑨lowkey

[たいしたことではないけど、若干]

使用例 I lowkey want to go clubbing tonight.

訳 今夜クラブに行きたいかも。

解説 lowkey は大声では言わず、ささやくような感覚で、kind of や sort of のように使われる。
＊一方で highkey という言葉もあって、「She is highkey hot.(彼女めちゃんこいい！)」ワクワクやエキサイトメントを表すが、あまり使われない。

⑩tea

[ゴシップ、物語]

使用例 A：I have a tea, girls.
B：Oooo, girl what's the tea?
C：Something happened?

訳 A：あなた達、ニュースがあるわよ！
B：え──なになにどんなネタ!?
C：なんかあったの？

解説 お昼に女子達がカフェでお茶をして、ゴシップを話すシーンをイメージしたスラング。

⑪thirsty

[ムラムラした、欲している]

使用例 A：Hey, remember the guy that highkey hitting on you last night?
B：Yeah, he was flexing too much. Thirsty boy.
A：Bet.

訳 A：あのさ、あなたのこと昨晩ぐいぐい口説いてた男の人覚えてる？
B：あーうん、がんばりすぎてたムラムラボーイだね。
A：間違いないわ。

解説 「喉が渇いた」の意味がある thirst から派生して、「欲しがる→ムラムラしてる」。

⑫Netflix and Chill

[ネトフリ見てゆっくりしよう（家来ない？）]

使用例 Hey, wanna come over? and Netflix and Chill?

訳 家こない？ ネットフリックス見てゆっくりする？（＝セックスする？）

解説 ネットフリックスはご存じの通り、日本でも有名な動画配信サイト。アメリカでは友達や家族と集まってよく見ることもあり、女の子への誘い文句として若者の間でよく使われる。
日本で言う「家に子犬いるけど見にこない？」みたいな感じ。使うタイミングによって誤解されないように気をつけてね。

Chapter 17

I need a car in NY!

NYで車が欲しい！

I think it's time for me to buy a car...

I need a car in NY!

N

I think it's time for me to buy a car. How did you buy your car in the US?

そろそろ自分の車を買おうと思うんだけど。どうやって買ったの？

There are three ways. First, you can go on ***craigslist***, which is not always the best place to ***make a purchase*** .
It's a ***peer-to-peer***, marketplace ***just like*** MERUKARI.

The best way to buy is getting a car from a personal dealer ***who has access to*** car auctions.
I bought Toyota solar a 2008 for $4500 and sold it for $2900 in 2 years later.

H

方法は３つあって、１つ目はクレイグズリスト。買うのにベストではないけど、メルカリみたいな、人と人をつなぐ Web マーケットがあるよ。
1番いいのはカーオークションにアクセス権があるパーソナルディーラーから買うことだね。4500 ドルで買った 2008 年のトヨタが２年後に 2900 ドルで売れたよ。

You got good use out of it.

いい使い方をしたよね〜。

K

Yeah right.

だよね！

H

H: ***Last but not least***, you could buy from a dealer.
Old school and the most expensive way, but ***it comes with*** everything ***as a package***, ***such as*** inspection and registration, warranty.

最後に、ディーラーからも買える。
昔からのやり方で1番高くつくけど、たとえば車の点検、登録、保証とか全部やってくれるよ！

N: How did you find a personal dealer?

パーソナルディーラーはどうやって見つけたの？

H: A friend of mine introduced me and I was able to connect.
Getting involved in the American community is perhaps one of the most important things you would want to do in the US, as it provides you access to people, places, and opportunities that you seek.

友達の紹介でつながったよ。
アメリカのコミュニティに参加するのは、求める「人、場所、機会」へのアクセスを提供してもらうのにたぶんアメリカで1番大切なことの1つだよ。

N: How do I get involved in American community?

どうやってアメリカのコミュニティーに入ればいいの？

H: Learn the culture and live the culture.

カルチャーを学び、カルチャーに生きる、だね！

注目フレーズ

①craigslist
[クレイグズリスト]

使用例 I bought a car from craigslist.

訳 クレイグズリストで車を購入しました。

解説 メルカリのようなWebマーケットプレイス。

②make a purchase
[買い物をする]

使用例 What percentage of customers make a purchase?

訳 何割のお客様が購入するか？

解説 buyのフォーマルな言い方

③peer-to-peer
[人と人の]

使用例 Blockchain enabled us a peer-to-peer transaction.

訳 ブロックチェーンは人と人の取引を可能にした。

解説 人と人とのつながりを表す言葉。

④just like
[～みたいな、～と同様に]

使用例 There's gotta be a planet just like the earth.

訳 地球みたいな惑星は絶対にあるよ。

解説 何かに似ているとき、引き合いに出すのに使う。

⑤who has access to
[～にアクセス権がある人]

使用例 Do you know anyone who has access to a rooftop in NYC?

訳 NYCの屋上にアクセスできる人知ってる？

解説 アクセス権・ツテ・コネがあるかないか確認したいとき。

⑥last but not least
[最後になるけど]

使用例 This is the last but not least.

訳 これが最後になるけど。

解説 最後だけど大切、最後だから重要じゃないわけではない。

⑦it comes with
[～が（セットで）付いてくる]

使用例 It comes with everything as a whole package.

訳 全部セットで付いてくるよ。

解説 comes withはよくセットで使われる。

⑧as a package
[全部セットで]

使用例 My cats and I come as a package.

訳 猫と私はセットだよ。

解説 どちらか1つじゃなく、全部で1つ。

⑨such as
[たとえば]

使用例 We sometimes underestimate the nutrition that comes from fruits such as apples and bananas. They are super good for you.

訳 私達はたまにフルーツの栄養価を過小評価してる。たとえばリンゴやバナナはとても良いよ。

解説 話の流れでたとえが必要になったとき、入れ込んで使われる。

SIDE NOTE

A car is a necessity in American life unless you live in the city where public transportation is within reach. I talked about 3 ways to buy a car, but my car broke down right after buying it on craigslist, so I wouldn't ***recommend*** it. You can keep costs low by shopping online, but if you are not familiar with cars, it's risky to buy from other individuals, so just be aware.

You can trust personal dealers ***a little bit more*** . You may be able to win a bargain at the auction, if you are connected with a personal dealer; you are lucky!

I finally got my dream car, Tesla. The States are banning the sale of new gas-powered cars and pushing an eco-friendly lifestyle. It's time to ***pay attention*** and care about the earth that we all live in.

サイドノート

アメリカ生活では、公共交通機関が行き届く都市部に住んでないかぎり、車は必需品。買い方を3つ紹介したけど、クレイグズリストで車を買ってすぐ壊れたことがあるから、おすすめはしないかな。ネットで買うと費用は抑えられるけど、詳しくないと悪いものを買わされる危険があるので注意すべし。

その点、パーソナルディーラーはもう少し信頼できるよ。オークションでは掘り出し物を落札できることもあるし、つながれたらラッキー！

僕は先日、ついに念願のテスラを手に入れた！　アメリカでもガソリン自動車の販売を禁止する動きがあるし、エコなライフスタイルがすすめられてる。僕らが住む地球を気遣うときが来てるよ。

注目フレーズ

①***recommend***

[～とおすすめする]

使用例 I recommend trying a Brown Sugar Shaken Espresso at Starbucks.

訳 スターバックスで黒糖シェイクエスプレッソを試してみるのをおすすめするよ。

解説 何かをおすすめしたいときに使える。

②***a little bit more***

[もう少しだけ]

使用例 Can you move the desk a little bit more?

訳 机をもう少し動かしてもらえますか？

解説 「あと、ほんの気持ち」ってときに使える。

③***pay attention***

[注意を払う]

使用例 You should pay attention too.

訳 君も注意を払うべきだよ。

解説 pay はお金を「支払う」でよく使われるが、アテンションともセットで使われる。

動画でcheck!

Driving in the US is so much fun experience because IT IS JUST HUGE!!! You would be really surprised how straight the roads are.

Driving while blasting the music will refresh you for the day.

アメリカはめちゃめちゃ広大だから、車を運転するのはすげ――楽しい!! そんで、道路が驚くくらいすげ――真っ直ぐ。

音楽を爆音で鳴らしながら運転すると、その日の疲れがふっとんでリフレッシュできるよ！

Chapter 18

How to order at Starbucks

スタバでドリンクを注文する

I'll have a hot Dark Chocolate Mocha.

How to order at Starbucks

H

Hey guys, do you want something from Starbucks?
I will be getting an Iced Caramel Macchiato and a Pink Drink for Kayla.

ねぇみんな！　スタバでなんか頼む？
自分にアイスキャラメルマキアート、ケイラにピンクドリンク買うけど。

T

Ohh sounds good. ***I'd like to have*** a Green Tea with a little bit of lemonade. No sweetener or sugar added.

おお、いいね！ グリーンティーにレモネード少々、砂糖なしがいいな。

B

Could you get me a Vanilla Sweet Cream Cold Brew?

バニラスイートクリーム入りアイスコーヒーをもらえるかな？

H

Copy. Sarah and Nao?

了解！　サラとナオは？

S

I'll have a hot Dark Chocolate Mocha.

ホットダークチョコレートモカにするよ。

N

I think I will try a tall Matcha Latte.

小の抹茶ラテ飲んでみようかな。

How to order at Starbucks

Starbucks clerk: Hi, what can I get for you today?

今日は何をご注文されますか？

H: Hi, ***may I please have*** a venti Pink Drink, a hot Dark Chocolate Mocha, a Vanilla Sweet Cream Cold Brew, and a Green Tea with a little bit of lemonade, no sweetener or sugar added? In addition, ***can I have*** a tall Matcha Latte and an Iced Caramel Macchiato in grande, please?

大のピンクドリンク、ホットダークチョコレートモカ、バニラスイートクリーム入りアイスコーヒー、グリーンティーにレモネード少々の砂糖なし。それと小の抹茶ラテとアイスキャラメルマキアートの中をお願いします！

Starbucks clerk: Anything else?

他には？

H: That'll be all. Thanks.

これで以上です。ありがとう。

S: ***I will Venmo you*** later.

後でお金送るね。

H: ***No worries***. I got you. It's on me.

大丈夫だよ、まかせて。俺のおごりで！

Everyone: Thanks.

ありがと！

注目フレーズ

①I will be getting ~
[~をしに行く]

使用例 I will be getting a car tomorrow.

訳 明日車を買いに行くんだ。

解説 「I will get a car.」は車を買いに行くことがなくなる可能性もあるが「I will be getting a car.」はより確実にそのイベントが起こる。

②I'd like to have ~
[~をいただけますか、~が欲しい]

使用例 I'd like to have Sushi and Teriyaki Chicken with extra Teriyaki sauce.

訳 寿司と照り焼きチキンを汁だくでいただけますか。

解説 I would like to have と同義。レストランなどで注文するときや、何か欲しいものがあるときによく使われる。

③Could you get me ~?
[~をいただけますか？]

使用例 Could you get me a pen and paper?

訳 紙とペンを用意していただけますか。

解説 丁寧な言い方。

④copy
[了解]

使用例 A：Hey I just sent the pictures via email.
B：Copy, thanks.

訳 A：ヘイ、写真をメールで丁度送ったよ。
B：了解、ありがと。

解説 「Copy that.」はメッセージを理解したという意味。その省略で「Copy.」

⑤I'll have ~
[~をもらいます]

使用例 I'll have a cup of coffee.

訳 コーヒー1杯もらいます。

解説 「手に持っている状態に未来でなる」ことを示唆している。

⑥I think I will try ~
[~をしてみようかな]

使用例 I think I will try to read this book because all of my friends loved it.

訳 この本を読んでみようかな~友達みんな気に入ったみたいだから。

解説 強い意志がありながらも、なかなか一歩踏み出しきれない背景が見えるフレーズ。

⑦May I please have ~?
[~をいただけますか？]

使用例 May I please have some advice on an upcoming project?

訳 新しいプロジェクトに助言をいただけますか？

解説 May I please は最高に丁寧な言葉遣い。

⑧Can I have ~?
[~をください]

使用例 Can I have a green tea?

訳 グリーンティーをいただけますか？

解説 一番基本的な注文やお願いの仕方。

⑨I will Venmo you
[Venmoで送金するね]

使用例 I don't have cash with me, so I will Venmo you later.

訳 現金持ってないから、後で送金するね。

解説 「お金送るね。」の意。＊Venmo は PayPal のような送金ができるアプリでアメリカでは最近よく使われている。アプリの名前自体が動詞化された。PayPal、Venmo 以外に Cash Up も有名。

⑩no worries
[心配しないで]

使用例 A：Oh no, I forgot my wallet at home.
B：No worries, I've paid for it.

訳 A：しまった、家に財布忘れてきた。
B：大丈夫だよ、払っておいたよ。

解説 「Don't worry.」と比べ「No worries.」はカジュアルなシーンに使う。

SIDE NOTE

American Starbucks offers more of a variety of drinks. ***For instance***, Kayla's favorite Pink Drink. "Strawberry Açaí, with coconut milk."

I have seen people add more than 30 toppings to one drink, but Starbucks still accepts the order to cater to ***individual creativity***.

Ariana Grande and other celebrities have their favorite customizations, and it was ***trending*** to order them and film a ***reaction video*** for social media.

サイドノート

メニューはアメリカのほうがずっと多くて、ケイラが好きな「ピンクドリンク」(パッションティー＋ホワイトモカシロップ）も日本にはないんだよね。

1杯のドリンクに30種類以上トッピングする人もざらにいるけど、それでも個人のクリエイティビティから注文を受け付けてくれるよ。

アリアナ・グランデをはじめセレブにもお気に入りのカスタマイズがあって、それを注文してリアクション動画をSNSに投稿するのがトレンドになっていたことも！

注目フレーズ

① *for instance*

[たとえば]

使用例 EVs will be the new standard soon; for instance California proposed banning the sale of new gas-fueled cars by 2035.

訳 電気自動車がすぐに主流になるよ、たとえばカリフォルニは2035年までにはガソリン自動車の販売を禁止すると発表したし。

解説 for example と同意。for instance は特定の物事を説明するときに使われ、for example は他に可能な形がある場合、実際のケースまたは理論的なケースを述べるときに使われる。

② *individual creativity*

[個人の創造性]

使用例 We must value individual creativity.

訳 個人の創造性を大切にするべきだよ。

解説 個人の創造性のなかから新たな発見があるよね。

③ *trend*

[流行る、トレンドになる]

使用例 Did you see that Trump came back to Twitter? It was trending.

訳 トランプが Twitter に帰ってきたの見た？　トレンドになってた。

解説 流行っているものを説明するときに使われる。アメリカのトレンドは入れ替わりが早い。

④ *reaction video*

[リアクション動画]

使用例 I should film a reaction video for ONE OK ROCK's new song.

訳 ワンオクロックの新しい歌のリアクション動画撮影しようかな。

解説 コンテンツクリエイターの間でよく使われる言葉。

動画でcheck!

I love Starbucks coffee. They're so good and clean inside where I find a sense of comfort. In addition, the bathroom is always open.

The coffee shop with a sense of home is the best.

僕はスタバのコーヒーが大好き！　おいしいし、店内は清潔で、居心地がいいなぁと思う。あと、トイレが常に開放されてるしね。

アットホームな雰囲気のコーヒーショップは最高！

Chapter 19

How do we start dating?

恋人同士になるには？

I've wanted to tell you something for a while.
?

N: Guys... listen. I did ***make out*** with Sarah, but I don't know if we are actually "***together together***" or just dating. How do I ask her to be my girlfriend?

みんな聞いて。サラとはイチャイチャしたけど、本当に付き合ってるかわからなくて……。どうやったら彼女になってもらえるの？

H: You can ask her like, "***will you be my girlfriend?*** " or "***do you want to be officially together?*** " or "***let's make it official*** ".

「彼女になってください」とか「正式に付き合う？」とか「正式に付き合おう」とかかな。

N: I heard Americans don't confess like Japanese do.

アメリカ人は日本人みたいに告白はしないって聞いたけど？

Ty: It depends on the couple but I'd say it's more of a mutual understanding. But I would suggest you properly ask her.

カップルによるけど、お互い自然に納得していく感じかな。でも丁寧に気持ちを伝えるのがいいと思うよ。

N: All right. I will confess my love to her this afternoon.

よーしわかった。これから告白してくる！

How do we start dating?

Don't be stressed out too much.
You've got this.

H&T

ストレス感じすぎずね。きっといけるよ！

At Sarah's house

サラの家にて

N

I've wanted to tell you something for a while...

この間から言いたいことがあったんだけど……。

What is it?

S

どうしたの？

N

I have been meaning to take you to dinner sometime.

今度君をディナーに連れて行きたくて。

Yeah **bet**!! **So have I**.

S

ええ、もちろんよ！　私もデートしたかったの。

N

...As my girlfriend.

僕の彼女として。

Aww...

S

テレ……。

注目フレーズ

①make out

[イチャイチャする]

使用例 He was making out with another girl.

訳 彼、他の女子とイチャイチャしてたよ。

解説 キスしたりイチャついてる様子。

②together together

[付き合っている]

使用例 Are you guys together together?

訳 君達は本当に付き合ってるの？

解説 再確認するような形で、2回繰り返される。

③Will you be my girlfriend/boyfriend?

[彼女 / 彼氏になってください]

使用例 How to say "Will you be my girlfriend"?

訳 どうやって彼女になってくださいと言うか。

解説 Would you be my girlfriend? だと少し引いた姿勢になる。

④Do you want to be officially together?

[正式に付き合う？]

使用例 Do you for sure want to be officially together?

訳 本当に正式に付き合う？

解説 付き合うはtogetherでも言い表される。

⑤Let's make it official

[正式に付き合おう]

使用例 Let's finally make it official.

訳 いよいよ正式に付き合いましょう。

解説 お互いの共通意識があってこそ通じる表現。

⑥Don't be stressed out

[ストレス溜めないで]

使用例 Don't be stressed out so much, man. It will be alright.

訳 そんなにストレスを溜めないで。大丈夫だよ。

解説 悩んでいる人などを励ますときの言葉。

⑦you've got this

[あなたならできる]

使用例 No worries, you've got this.

訳 心配しないで、きっとできるよ。

解説 勇気づけるフレーズ。「You can handle this.」や「You can do it.」などの言い回しと同じニュアンス。

⑧I have been meaning to ～

[～のつもりでいた]

使用例 I have been meaning to ask you out.

訳 デートに誘うつもりでいたんだ。

解説 「～をする」意思を持っていたことを示す。

⑨bet

[わかった、賛成、それな]

使用例 A：You can't eat the whole cake by yourself.
B：Bet.

訳 A：ケーキ全部食べきれるわけないよ。
B：それな。

解説 Bet はカジュアルな会話のレスポンスとして、OK や sure の代わりに使われる。

⑩so have I

[私もそう]

使用例 Have you played soccer when you were a kid? So have I.

訳 子供の頃、サッカーをしたことある？私もやったことあるの。

解説 自分もやったことがある、同じ経験があるときに使える。前の発言が「"Did" you ～？」のときは「So "did" I.」、「"Do you ～？」のときは「So do I.」となり、前の発言に対応して変化する。

SIDE NOTE

There are many ways of relationships and I've seen many people find love beyond ***the scope of*** traditional relationships, especially in NY where self-expression is ***cutting edge***. For instance, people are attracted to how others carry themselves energy-***wise***, not just the perspective of biological sexes. they may say, "I like that person's vibe!"

There is also a "dating period" where they find out about each other, such as their thoughts on good and bad, open relationships, monogamy vs polygamy, the ***cheating line*** , etc.

Trying to get to know your significant other is the best thing you can do to make things move forward. Good luck!

サイドノート

アメリカでは恋愛の形も多種多様。とくにNYは「自己表現」でも最先端で。周りを見ても、いろんな恋愛の形を楽しんでるよ。ジェンダーを超えて、もはや“エネルギー体”同士の恋愛という感じで、「あの人のバイブスが好き！」から恋愛につながっていくんだよね。

基本は“デート期間”というお互いをよく知るための時間で、良いことと悪いことや、2人の関係か複数恋愛か、浮気のラインはどこかといった「恋愛の形」などを確認し合うよ。

目の前の人を「知ろう」とする気持ちと姿勢が一番大事！　がんばってね！

注目フレーズ

①the scope of

[〜の範囲]

使用例 This is beyond the scope of our investigation.

訳 私たちの調査範囲を超えています。

解説 望遠鏡である一定の範囲を覗いてる感じ。

②cutting edge

[最先端の]

使用例 His style is always cutting edge.

訳 彼のスタイルはいつも最先端。

解説 先端をカットしている、最先端。

③wise

[〜に関して]

使用例 He knows how to live health-wise.

訳 彼は健康的な生き方を知ってる。

解説 形容詞として「賢い」の意味でも使われる。

④cheating line

[浮気のライン]

使用例 What's your cheating line?

訳 浮気のラインは何？

解説 cheat ＝浮気する。どこからが浮気かを示す。

動画でcheck!

I didn't know how things start in the US, so I asked Kayla that how things move forward here. She looked very confused about the fact that I asked about it.

However, the impression told me that we were already a thing.

アメリカで恋愛がどう始まるのかわからなかったから、ケイラに恋愛関係がどのように進むのかを聞いたら、「それについて聞いた」という事実にすごく困惑してた。

だけど、そのときの印象ですでに僕らは特別な関係なんだなと感じたよ。

Chapter 20

New Year's Eve in Times Square

タイムズスクエアで年越し！

HAPPY NEW YEAR!!
HAPPY NEW YEAR!!
HAPPY NEW YEAR
HAPPY NEW YEAR

New Year's Eve in Times Square

T

Where do you want to celebrate New Year?

ニューイヤーのお祝いはどこでする？

H

New Year in Times Square is the most iconic way of celebration in the US.

タイムズスクエアの年越しがアメリカで1番アイコニックなお祝いだよ。

S

Times Square is known to be a heart of the world and that is the best place to ***kick off*** the new year.

タイムズスクエアは世界の心臓だもん、新年を始めるのに1番ふさわしいね。

H

I've been there 3 times, and I always go from the morning like 8 - 9 am.

3回行ったけど、いつも8時とか9時とか朝から場所取りだね。

K

Fuck that. You would wait more than 15 hours standing, without eating and drinking, right??

無理だわ！　飲み食いなしで15時間以上立って待つんでしょ？

B

Pretty much but you can bring some snacks and people wear diaper or pee on the street.

まぁそうだね、でもスナックは持ち込めるし、おしめ履いたり、路上でトイレしてる人もいるし。

New Year's Eve in Times Square

N

Ah, I ***caught*** your ***drift***. It will be super fun. Let's do it.

そうなんだ。めっちゃ楽しそうじゃん、行こうよ！

H

Come on, don't be a ***poop head*** (***inside joke***).

行こうぜ～、う○こ頭になるなよ（身内ジョーク）。

K

Fine, so I can spend time with you and get a New Year's kiss.

わかったよ、一緒に過ごしてニューイヤーキスできるしね。

At Times Square

タイムズスクエアにて

N

WOW this is Times Square on New Year's Eve.

わーお、これが大晦《おおみそ》日《か》のタイムズスクエアかぁ！

H

Guys, it's about time. Ready for the next year?

みんなもうすぐだよ、次の年に行く準備はできた？

N / Everyone

YES!!!! 5, 4, 3, 2, 1...
Happy New Year!

おおー！！　5、4、3、2、1…
あけましておめでとう！

注目フレーズ

① kick off [キックオフする、始まる、～を始める]

使用例 The party kicks off around 6 pm so we should leave around 5 pm.

訳 パーティーが6時頃から始まるから、5時頃には出よう。

解説 何かを始めるときの他、「靴を脱ぐ」や「追い出す」の意味でも使う。

---

② fuck that [ありえない]

使用例 The traffic to the beach is 3 hours long...fuck that.

訳 ビーチまでの渋滞は3時間……ありえない。

解説 物事や状況へのフラストレーションや苛立ちを表す言葉。

---

③ catch drift [理解する]

使用例 I listened to podcasts to catch the drift of what's going on in the world.

訳 ポッドキャストを聴いて、世界の様子を理解した。

解説 状況を理解する様子。

---

④ poop head [う○こ頭]

使用例 Don't be a poop head.

訳 う○こ頭になるなよ～。

解説 子どもっぽい、行動が幼稚な人に対して使う。

---

⑤ inside joke [身内ジョーク]

使用例 Don't write anything about inside jokes because people don't understand the context.

訳 身内のジョークは本に書かないで。文脈を理解するのが難しいから。

解説 身内で盛り上がれる面白いジョーク。

SIDE NOTE

New Year's Eve is my favorite holiday. It is a very important day for me to ***set my intentions*** for the next year. It's the opening gate to a new beginning, so I want to feel as fresh as possible for the upcoming year.

It was tough to find a comfort and do things that make me feel like I'm concluding the end of the season in the US. However, celebrating in Times Square changed my perspective. You will find a lot of emotions in the crowd waiting for hours without eating, drinking, or sitting. It's a ***mental battle*** that you go through at the end of the year so you can stay stronger in the upcoming year.

サイドノート

大晦日は僕のお気に入りの休日。来年の目標を定めるとても重要な日で、新しい門出のときだから、できるだけ新鮮な気持ちで迎えたい。

アメリカでシーズンの終わりを締めくくるような心地よさを見つけて過ごすのは大変だった。でも、タイムズスクエアでのお祝いが僕の見方を変えてくれた。何時間も食べず、飲まず、座らずの状態で待っていると、群衆の中にたくさんの感情があるんだよね。それは年末のメンタルバトル。それを経験することで、1年をより強く過ごしていけるよ！

注目フレーズ

①***set my intentions*** [目標を設定する]

使用例 Do you set your intentions for the day?

訳 その日の目標を設定しますか？

解説 何をするにも、目標を設定すると結果も変わってくる。

---

②***mental battle*** [メンタルの闘い]

使用例 You always have to win against yourself in a mental battle.

訳 常に精神的な闘いで自分自身に勝たなければならない。

解説 メンタル的な闘いが日々の生活では重要。

動画でcheck!

I never felt more energy than NYC new year countdown. It's very addictive in the way that a thousands of people all over the world gather and together and screaming for the new year. Loving, kissing, hugging and dancing. NYC is waiting for you!!

ニューヨークの新年のカウントダウンほどエネルギーを感じたことはないね！ 世界中から何千人もの人々が集まって、一緒になって新年のカウントダウンを叫ぶのは、ある意味めっちゃ中毒性があるんだよね。愛し、キスし、抱きしめ、踊る。ニューヨークシティがあなたを待っています!!

おまけ5

本編に入りきらなかった 注目フレーズ集 その2

①not a big fan of

[好きではない、ファンではない]

使用例 I'm not a big fan of watching sports. I like to play.

訳 スポーツを見るのは好きではない、するのが好き

解説 控えめに自分の好みを示すときなどに、使いやすい言葉。

②start from scratch

[何もない状態から始める]

使用例 Everyone started from scratch. You gotta start somewhere.

訳 みんな何もないところから始めたんだよ、あなたもどっかから始めないと。

解説 0-1を作る過程。

③What are you up to?

[今何してるの？]

使用例 A：What are you up to?
B：I'm working on a new project. What are you doing?

訳 A：今は何してるの？
B：新しいプロジェクトを進めてるよー。あなたは何してるの？

解説 「What are you doing right now?」の意味。「Whatcha up to?」と崩して使われる場合もある。

④binge watch

[まとめて見る]

使用例 I'm binge watching the Circle on Netflix.

訳 ネットフリックスの『サークル』まとめ見してるよ。

解説 ドラマにハマったりして、数時間でエピソードをまとめて見るときに使われるフレーズ。

⑤mark my words

[言葉通りに、男に二言なし]

使用例 Tesla will be the number one company in the world, mark my words.

訳 テスラが世界一の企業になるよ、僕の言葉通りにね！

解説 自分の言葉をハイライトしてさらに強い意思表示を伝えているイメージ。

⑥sneak peek

[プレビュー、ティーザー]

使用例 Have you seen a sneak peek from Bored Ape NFT? That was super dope, man.

訳 ボードエイプNFTのプレビューみた？　マジでかっちょよかったでー。

解説 公式に発売、公開される前にオーディエンスを高めさせるために上手く使われる。

⑦literally

[文字通り、言葉通り、そのまま]

使用例 A lot of people are literally brainwashed. Wake up Samurai.

訳 多くの人が言葉通り洗脳されてるよ。目覚めろ侍よ。

解説 事実を述べたり、強調するのに使われる。

⑧this is why ~

[これだから～、これが理由で～]

使用例 This is why I don't like to drink too much. I'm so hang over.

訳 これだから飲み過ぎは好きじゃない。めっちゃ二日酔いだわ。

解説 whyの前にthis isを付けることで、why（なぜ、その理由）が会話の中で強調される。

⑨ that's it

[それだけです、以上です]

使用例 A：Is there anything you would like to add to your order?

B：No, that's it. Thank you.

訳 A：その他に追加したいオーダーはありますか？

B：いいえ、それで以上です。ありがとう。

解説 about を入れて「That's about it.」にすると「それでだいたい全部」というニュアンスになる。

⑩ less likely ⇄ most likely

[（可能性が）ほぼない⇄めっちゃある]

使用例 Most likely, we will have a baby in 5 years.

訳 5年以内には、ほぼほぼ子どもを授かるでしょう。

解説 less - more - most の順番で確信が高くなる。likely は「可能性、ありえる」などの意味から、はっきりしないことの、可能性について話すシチュエーションでよく使われる。

⑪ get ready

[準備する]

使用例 A：Hurry up, man!!

B：Bro, I'm getting ready, be there in a few.

訳 A：早くしろってー!!

B：準備してるって、すぐそっち行くから。

解説 まさしく準備の真っ最中。

⑫ How are you going to ～?

[どうやって～]

使用例 How are you going to do this all at once?

訳 これ一度にどうやって全部するの？

解説 やり方を聞きたいときに使えるフレーズ。「how to ～」という言い方もあり、「How 2」と表記されたりもする。

⑬ be willing to

[（積極的に）～する]

使用例 If you are willing to buy tickets tonight, you can get them much cheaper.

訳 もし今日の夜にマジでチケット買うなら、もっとめっちゃ安く手に入るよ。

解説 必要であれば積極的・好意的に行動をする様子。

⑭ the sunshine state

[フロリダ（ニックネーム）]

使用例 We are moving to the sunshine state.

訳 私達はサンシャイン州（フロリダ）に引っ越すよ。

解説 フロリダ州のニックネーム。「半島州」など他のニックネームもあるが一番有名なのはこれ。

言い替え

totally → totes　絶対
car → whip　車
feeling rich → boujee　高価な
super nice car → boujee ass whip　めっちゃ良い車
fuck → fudge, frick
damn → darn, dang

damn や fuck は「スウェアワード」と言われ、社会的に汚い表現だと思う人もいる。
なので、センサーをかけた遠回しな言い方で「darn」や「fudge」などと言われたりもする。
どちらも“クソ”といった悪態をつくような意味があるけど、聞こえが少しやわらかくなるよ。

Abbreviation（略語）まとめ

F2F → face to face　面と向かって
WFM → work for me（提案に対して）それでOK
NP → no problem　問題ない
IK → I know　知ってる
IDK → I don't know　わからない
IDC → I don't care　気にしない
OMG → Oh, my god!　マジか!?　なんてこった！
SMH → shaking my head　ありえない
FYI → for your information　ご参考までに
XOXO → kisses and hugs　キス＆ハグ

Chapter 21

Dinner date at a fancy restaurant

ちょっといいレストランでディナーデート

The steak is well over $100....
Just get whatever you want and enjoy for now.

Dinner date at a fancy restaurant

S

Hey, ***whatcha doin'*** tonight?

ねぇ、今夜は何してるの？

N

I don't know yet. Why?

まだわからないけど、何で？

S

I was just ***wondering*** if you wanted to go out. I want to wear the dress I bought.

一緒にお出かけしないかな～と思って。この前買ったドレスを着たいの！

N

Well, I can make a reservation for tonight.

じゃあ、今夜で予約を入れるよ。

Taking an Uber to the restaurant

ウーバータクシーでレストランへ

Host

Hi do you have a reservation?

予約はありますか？

S

Yes, Tanaka.

はい、タナカです。

N

I'm starving.

お腹ペッコペコ！

S

I love this place. We haven't spent ***quality time*** like this in a while.

この場所素敵だね。こんな充実した時間しばらく過ごしてなかったね。

N

Yeah right. I hope the food here is as good as the price.

そうだよね。食べ物も値段ぐらい良いといいけど～。

S

Let's see ...do you know what you want?

どうかな、何を頼むか決めた？

N

I don't know. The steak is **well over** $100.

わかんない、ステーキ100ドルは超えてくるよ。

S

Just get whatever you want and enjoy for now.

食べたい物頼んで、今を楽しもうよ。

N

I know but imagine how much food we can order for $100 in Japan. I'm gonna **do spend money** .

わかるけど、日本で100ドルあったらどれだけ注文できるか……。すごいお金使うことになりそう。

S

You don't want to try pasta?

パスタとかはどう？

N

I could try it but I want something special....

いけるけど、何かスペシャルなのが欲しいな……。

S

I guess spending time with me is not special for you....

私と過ごす時間はスペシャルじゃないみたいだね……。

注目フレーズ

①*Whatcha doin'?*

[何をしてるの？]

使用例 Whatcha doin' this Ftiday?

訳 今週の金曜は何してるの？

解説 「What are you doing?」の略語。

②*I was wondering ~*

[～じゃないかなと思って]

使用例 I was just wondering if you are down for a cup of coffee.

訳 コーヒー飲みに行かないかな～って。

解説 過去形にすることで強い印象が減り、より品があり丁寧な聞き方になる。

③*I'm starving*

[腹ペコ]

使用例 I'm starving to death.

訳 腹ペコで死にそう。

解説 hungry を通り越して、お腹と背中がくっつきそうなとき。

④*quality time*

[充実した時間]

使用例 I would rather choose a small circle of friends and have quality time.

訳 僕は小さな友達の輪で、充実した時間を過ごすほうを選ぶよ。

解説 「have quality time」で「充実した時間を過ごす」。価値のある時間とも言える。

⑤*Let's see*

[どうかねぇ]

使用例 Let's see if I can answer this question.

訳 この質問に答えられるかどうかな……。

解説 考えてる様子を表す。

⑥*well over*

[余裕で超える]

使用例 This project is well over our budget.

訳 このプロジェクトは余裕で予算超えるよ。

解説 over ＝超える、を well で強調している。

⑦*do spend money*

[お金をすげー使う]

使用例 I do spend a lot of money but I do earn a lot too.

訳 すげーお金使うけど、すげーお金も稼いでるよ。

解説 do が入ることで spend が強調されるが、その後に but が続くことが多い。

SIDE NOTE

"I bought a cute dress, but I don't have a place to wear it, so take me to a ***fancy*** party", somebody told me. I do agree with how the environment influences people to talk in certain ways, and it's the same for Americans when considering a better restaurant for an "important day."

A restaurant is usually run by three roles: a host, a server, and a chef. The host seats the guests, the sever takes the order and relays it to the chef. The number one rule is not to call the server. You have to wait for them to come to take year order.

Remember this for an "important day"!

サイドノート

「かわいいドレス買ったけど着ていく場所がないから、小洒落たパーティーに連れてって」というとんでもないお願いを僕も "誰かさん" にされたことがあるよ（笑）。おしゃれな場所では会話も変わってくるし、「勝負所」にちょっと良いレストランを使ったりするのはアメリカ人も同じ。

レストランは通常、ホスト、サーバー、シェフの3役で回っていて、ホストが席を決め、サーバーが注文を聞いてシェフに伝える。一番注意したいのは、自分からサーバーを呼ばないこと。何度か来てくれるので、オーダーはそのときにしよう。

「勝負所」に備えて覚えておいてね！

注目フレーズ

① fancy ［おしゃれな、豪華な］

使用例　This restaurant is so fancy!

訳　このレストラン、すごい豪華！

解説　カジュアルによく使われる言葉。

Finding a restaurant that we both like is difficult. Kayla has an eating disorder called ARFID that intense restrictions on the amount of food and types of foods you eat.

I on the other hand am super picky of what I consume because I grew up with eating tomatoes and cucumbers from the family garden.

僕ら2人ともが好きなレストランを見つけるのは難しくて。ケイラは「ARFID」と呼ばれる摂食障害を患っていて、食べ物の量と種類に厳しい制限がある。

一方で僕は庭で育てたトマトやキュウリを食べて育ったから、食べ物にかなりうるさいんだよね。

Chapter 22

My first fight with my foreign girlfriend

外国人彼女と初めてのケンカ

Hey Sarah, what's wrong? Did I do something?
Subway

My first fight with my foreign girlfriend

N

Hey Sarah, ***what's wrong?*** Did I do something?

サラどうしたの？　何かした？

S

You didn't say anything about my dress at dinner... . You complained about the price of the food.

この前のディナーで私のドレス見て何も言ってくれなかった……。ずっと食事の値段の文句ばっか。

N

I liked your dress. It was nice. But I think the food was overpriced.

好きだった、良かったよ。だけど食事は高かったから。

S

You are just saying that now because I'm saying it now. I enjoyed spending time with you. ***Didn't you?***

私が言ってるから、今褒めてるだけじゃん。私は一緒に過ごせて楽しかった。あなたは違った？

N

I did like your dress and we had a good time but I should have picked a Japanese restaurant.

好きだったよ !!　良い時間も過ごせたけど、日本食レストランを選べば良かったよ。

S

If you'd really felt that, you would have said something about my dress.

本当にそう感じてたなら、その場で何か言ってたはずじゃん。

N: Why are you **making** such **a big deal out of** this?

なんで、そんな大ごとにするの？

S: I'm not making a big deal. I have every right to express my feelings and **you don't seem to care**.

別に大ごとにしてないよ。思ったことを言う権利は私にもあるし、あなた何も気にしてるように見えないもん。

N: ...

……

S: You never compliment me about anything at all. Do you **even** love me?

何も褒めてくれないよね。本当に私のこと愛してるの？

N: I do.

愛してるよ。

S: Then show me! You never ever say anything. **How would I know** that I am loved...?

じゃあ示してよ！　何も言わないじゃん。それでどうやって愛されてるって私は感じられるの……？

N: ... I love you... (hug)

……愛してるよ（ハグ）。

S: **I love you more**.

もっと愛してるよ。

注目フレーズ

① What's wrong?

[どうかした？]

使用例 What's wrong? Something happened?

訳 どうしたの、何かあったの？

解説 気分が落ちてる人へ、状況を聞くのに使える。

---

② didn't you?

[あなたは～じゃなかった？]

使用例 You liked the movie. Didn't you?

訳 その映画好きじゃなかったっけ？

解説 他にも「She is coming with us, isn't she?（訳：彼女は私たちと来るよね？）」など確認を取る言い回しでも使われる。

---

③ I did like ～

[～が好きだったよ（でも～）]

使用例 I did like it but it was overpriced.

訳 好きだったけど、少し高かった。

解説 「I liked it.」はポジティブで終わる場合、「I did like it.」はその後にネガティブな表現が入るときに使う。

---

④ make a big deal (out) of

[～を大ごとにする]

使用例 I always laugh when people make a big deal out of it.

訳 人がそれを大ごとにするといつも笑ってしまうのよね。

解説 何かに対して、誇張して反応したり表現している様子。

---

⑤ you don't seem to care

[心配してるようには見えない]

使用例 She was crying but her boyfriend didn't seem to care.

訳 彼女が泣いてるとき、彼氏は心配してるように見えなかったよ。

解説 seem ＝～のように見える

---

⑥ even

[～さえ]

使用例 I was still working out even when my shoulder was dislocated.

訳 肩が脱臼してさえ、筋トレをしてた。

解説 「同じ」の意味の＝イーブンとも使えるが、「～でさえ」と使われる場合が多い。

---

⑦ How would I know?

[どうやって知ったらいいの？]

使用例 How would I know if you have a good intention or not?

訳 あなたが善意を持っているかどうか、どうやって知ったらいいですか？

解説 would は will の過去形で、「How do I know? 」よりも情報を知りたい意志が強い。

---

⑧ I love you more

[もっと愛してるよ]

使用例 A：I love you.
B：I love you more.

訳 A：愛してるよ。
B：それ以上に愛してるよ。

解説 「I love you.」を言い合う文化は強く、more を最後に入れて相手への愛を大きく表現する。

SIDE NOTE

Once upon a time, I didn't go to Kayla's fashion show and she was ***super upset***. Some Americans have a strong desire to have their loved ones coming to see their performance regardless of what it is, ***in the sense of support***. I was the type of person who didn't want my people to show up at any of the events that I was in. Since I realized that wasn't a case here, I always ***make sure*** to be there.

Kayla argues with me more than any of my ex-girlfriends but sometimes the arguments are key to open the conversation for a better relationship. Acknowledging the "differences", and not being resistant to accept the difference opened my mind and taught me a ***different perspective*** in life.

サイドノート

昔、ケイラのファッションショーに行かずブチギレされたことがある。アメリカ人は、大切な人に自分の晴れ舞台を見てほしい気持ちが強くて、家族や友人もサポートの意味を込めてちゃんと見に来るんだよね。自分は近しい人に来てほしくないタイプだったけど、そのマインドと全然違うんだと気づいてからは必ず見に行くようになったよ。

ケイラは元カノの誰よりも主張がすごく多くて口論になるけど、時にはその口論が、より良い関係を築くための会話のカギになるんだよね。「違い」を認めて、受け入れるのに抵抗しないことが、僕の心を開いてくれて、人生に違った視点を持てるようになったよ。

注目フレーズ

①super upset

[めちゃんこ不機嫌]

使用例 Give her a little space; she is super upset.

訳 彼女にスペースあげな、めちゃんこ不機嫌だよ。

解説 super はその後の言葉を強調している。

②in the sense of support

[サポートの意味で]

使用例 You show up in the sense of support.

訳 あなたはサポートの気持ちで立ち会うの。

解説 sense= 感覚

③make sure

[確かに～する]

使用例 I make sure to keep the desk space clean.

訳 デスクスペースはきれいに保つようにしてるよ。

解説 他にも「確認する」などの意味がある。

④different perspective

[違った見解・見方]

使用例 Have you ever asked yourself "What is normal?" Here is a different perspective for you.

訳 普通とは何か、自分に問いかけたことはある？　これが「違う見方」だね。

解説 違った角度からの物の見方や考え方を表す。

動画でcheck!

Learning about a partner is a lifetime commitment. You do things that might hurt them but what is wounded must heal.

And that's a part of life journey of growing mentally, physically and spiritually as a person.

パートナーについて学ぶのは、一生涯の仕事。時に相手を傷つけてしまうこともあるかもしれないけど、傷はちゃんと癒さないといけない。

そしてそれは、人として精神的、肉体的、スピリチュアル的に成長していく人生の旅の一部なんだ。

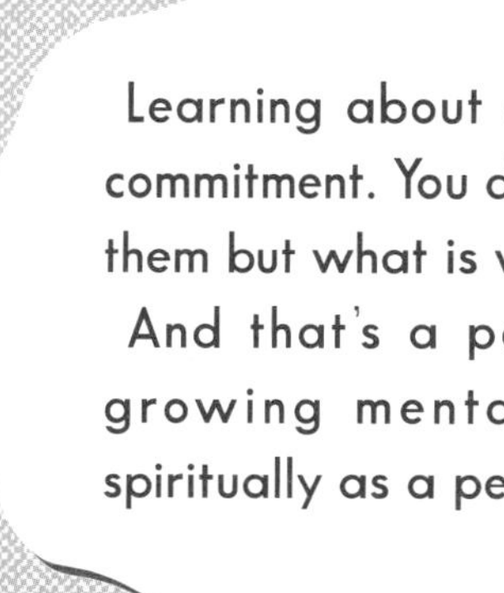

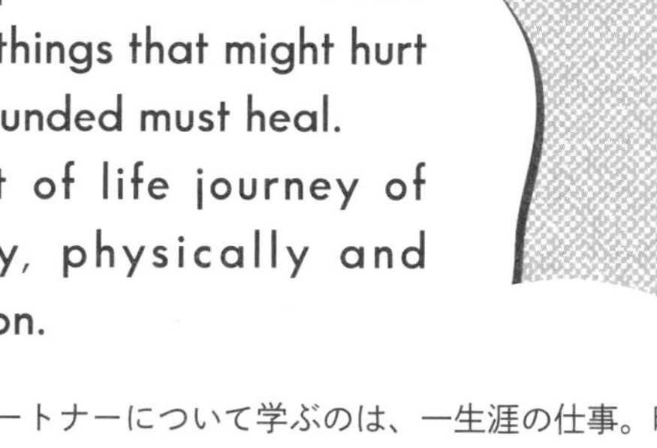

Chapter 23

Why choose international dating?

なぜ国際恋愛をするのか？

Hey, I just wanted to talk between you and me.
?

Why choose international dating?

Men talking about girls
女子について話す男子たち

N

Hey, I just wanted to talk ***between you and me***.

ねぇ、2人だけで話したかったんだよね。

H

Of course, man, what's up?

もちろん、どうしたの？

N

I have noticed a big difference between me and Sarah in how we communicate.
She ***vocalizes*** everything she feels, while we as Japanese don't.

サラと僕には大きな違いがあると気づいたんだ。
彼女は気持ちを全て言葉で表すけど、日本人の僕はそうじゃない。

H

"Welcome to the land of invaders."
We as Japanese think a lot before we say things, which keeps our circle ***super basic***. Lots of Americans told me that Japanese are very passive and observant.

"侵略者の地へようこそ"。
僕達日本人は何かを言う前にすごく考えるから、輪がすごく普通におさまってる。多くのアメリカ人に、日本人は受動的で「観察者」だと言われたよ。

N

The quiet ones have the loudest mind.
Stephen Hawking said.

スティーヴン・ホーキングは「静かなやつほど、常に考えてる」って言ってたよ。

Yeah, because we observe others and analyze. I believe that we are the ones who are truly capable of changing the world for the better, but we must learn how to express our feelings a little bit more.

H

他人を観察して、分析するからね。
僕達は世界をより良くする力を持ってると思う。ただ、自分の考えをどう伝えていくかはもう少し学ぶ必要があると思うね。

N

When I'm with Sarah I feel like I can express my feelings, ***simply*** because she does.

サラといるときは、自分の気持ちを伝えられる気がするんだよね。シンプルに彼女が僕に対してそうだから。

Opening yourself up opens up others. At the same time, by telling others how you feel inside, you may be giving them permission to hurt you.

H

自分がオープンになることが相手をオープンにするよね。それと同時に、自分の内なる気持ちを伝えることは、相手に自分を傷つける許可をあげることにもなる。

N

Diversity is really a key, isn't it?

多様性を受け入れることが本当にキーだよね。

It reminds me of ***hide and seek***. International relationship is just like that. A ***significant other*** seeks what's hidden in you and ***vice versa***.

H

国際恋愛はかくれんぼを思い出すね。大切な人が隠れた自分を発見してくれて、逆もまたそうなんだ。

注目フレーズ

①between you and me

[私たちの間だけ]

使用例 This is only between you and me, OK?

訳 このことは俺たちの間だけだからね。

解説 2人だけの秘密の会話でスペシャルな気分。

---

②vocalize

[～を言葉にする、～を声に出す]

使用例 You have to vocalize your feelings.

訳 自分の気持ちを声に出さなければならない。

解説 日本語ではボーカル＝歌手だけど英語では「声の」という意味になる。

---

③super basic

[ちょー普通]

使用例 A：Have you watched the super bowl yesterday?

B：No, because I am not super basic.

訳 A：昨日のスーパーボールは見た？

B：見てない、俺は全然普通やないから。

解説 メインストリームやトレンドだけを追っている感じ。面白味がない。

---

④simply

[単純に、ただ、シンプルに]

使用例 Simply I'm not good at waking up in the morning every day.

訳 シンプルに、毎朝起きるのが苦手。

解説 何かをまとめるときや、短く言いたいとき便利。

---

⑤hide and seek

[かくれんぼ]

使用例 Who played hide and seek when you were kids?

訳 子どものときかくれんぼした人～？

解説 かくれんぼは世界共通。ちなみに鬼ごっこはtag。タッチするときに「タグ！」と叫ぶから。

---

⑥significant other

[(彼氏、彼女など）大切・特別な人]

使用例 Hey, today is Valentine's Day. Have you bought anything for your significant other?

訳 今日はバレンタインだけど、大切な人に何か買った？

解説 他人に対して彼氏・彼女を前提に言及すると直接的すぎるので「大切な人」という表現が好ましい。

---

⑦vice versa

[逆に、逆もまた同じ]

使用例 I don't trust people and vice versa.

訳 俺は人を信用していないし、逆もまた然りさ。

解説 方向として正反対だったとしても、同じという場合に使える。

SIDE NOTE

I like people who are different from me because there is a synergistic effect when we are together. ***In fact***, meeting Kayla expanded my ***sense of values***.

She is emotional and sensitive, but also bold. She quickly senses what is lacking in society and ***balances out*** the ***viewpoint*** of minorities. She conveys it in her own words, so the "voice" I hear for the first time reaches my heart. I could be a very cold person, so I don't think I could have seen the world the way she does.

Speaking in English is also great. There are no fixed concepts in words, so you can take things from a different angle and feel fresh as if you were living in a new world!

There are times when we argue over cultural differences, but I want to enjoy that as a part of life.

サイドノート

僕は自分と違う人が好き。一緒にいて相乗効果があるからね。実際、全く違うケイラと出会って価値観が広がったよ。

彼女は感情的で繊細だけど大胆。社会に足りないことをいち早く察知し、マイノリティの視点に立ってバランスを取るんだ。それを言葉で伝えてくれるから、初めて聞く"声"が僕にばんばん届く。僕は無感情なほうだから、1人では一生気づけなかったと思う。

英語で話すのも大きいかな。言葉に固定観念がないから、これまでと違う角度で物事を受け取れて、新しい世界に住んでるような新鮮さがあるよ！

カルチャーの違いでぶつかることもあるけど、そこも楽しみながらいきたいね。

注目フレーズ

①*in fact*

［事実、実際に］

使用例 I didn't skip any classes. In fact, I got an A.

訳 授業を休まなかった。事実A評価をもらったよ。

解説 事実であることを強調したいときに使える。

②*sense of values*

［価値観］

使用例 I have a totally different sense of values from him.

訳 私は彼とは全く違う価値観を持ってる。

解説 価値の感じ方＝価値観

③*balance out*

［～のバランスを取る］

使用例 Simply balancing out the intake and outtake in calories is fundamental to control your weight.

訳 単純に摂取カロリーと消費カロリーのバランスを取るのが、体重管理の基本。

解説 日常会話でカジュアルに使われるフレーズ。

④*viewpoint*

［視点］

使用例 That's a good viewpoint.

訳 それはいい視点だね！

解説 「見るポイント」で視点。

動画でcheck!

The more I learned about other cultures, the prouder and more thankful I am that I was born and grew up in Japan.

I am very lucky to have someone who cares about my culture as my partner.

他の国の文化を学ぶほどに、自分の文化を誇りに思い、日本で生まれ育ったことに感謝するようになったよ。

自分の文化を気にかけてくれるパートナーがいるのは、本当に幸運なことだと思ってる。

Chapter 24

What is your love language?

あなたの“ラブランゲージ”は何？

I like everything.
Words of affirmation
Physical touch
Yes Queen.
Receiving gifts
Quality time
And acts of service

K

Watching them reminded me of when we just started dating.

彼らを見てると私達が付き合い始めた頃を思い出すね。

H

Yeah, right. When we didn't know how to give and receive love.

そうだよね。僕らがどうやって相手に愛を伝え、そして受け取るかわかっていなかった頃だね。

K

Do you remember I used to spend a lot for giving you presents?

私がプレゼントあげるのにいっぱいお金を使ってたこと覚えてる？

H

Yeah. I felt bad and that wasn't the way I'd like to receive love. I like receiving acts of service.

うん。プレゼントは愛を感じるより、嫌な気持ちになった。それより、尽くしてもらえるほうが好き。

K

You like to ***be taken care of***.

お世話されたいんだもんね～。

H

Not like that. But when you do something for me with your time, ***hypothetically*** I would have more time than 24 hours a day. Also spending quality time is ***big for*** me, whether with you or friends and family.

そうじゃない！　だけど、ケイラが自分の時間で僕のために何かしてくれると、まるで1日が24時間以上になるよ。それと充実した時間を過ごせるのも大切。友達でも家族でもね。

What is your love language?

K: What is my love language?

私のラブランゲージはなんでしょう？

H: ATTENTION.

アテンション！

K: ***Duh***. I like everything, words of affirmation, physical touch, receiving gifts, quality time and acts of service.

もち。肯定の言葉、スキンシップ、プレゼントをもらうこと、充実した時間を過ごすこと、尽くされること、全部好き。

H: Yes. Queen Kayla.

そうだね、クイーン。

K: Servant Haruki.

使用人ハルキ。

H: ***What the heck***?

なんやて？

H / **K**: Hahahaha.

ははははは（笑）。

注目フレーズ

①Yeah, right

[うん、でしょ]

使用例 A：WOW, this dish is amazing!!
B：Yeah, right?

訳 A：わー、この料理おいしい!!
B：うん、でしょ。

解説 相づちを打つ感じで、同感している様子。

②be taken care of

[お世話される]

使用例 She is so spoiled and needs to be taken care of 24/7.

訳 彼女はめっちゃ甘やかされてて、24時間お世話されないといけない。

解説 take care of ＝お世話する
be taking care of ＝お世話している
be taken care of ＝お世話される

③not like that

[そうじゃない]

使用例 A：Do you like your hair like this?
B：Not like that.

訳 A：こんな感じの髪型はどう？
B：そうじゃないな〜。

解説 like ＝〜のような、〜みたいな

④hypothetically

[仮説的に]

使用例 At this point, they also begin to think hypothetically and abstractly.

訳 この時点で、彼らも仮説的かつ抽象的に考え始めます。

解説 事実かどうかはさておき、現象を仮で説明するときに使う。

⑤duh

[当たり前、共通理解、明白な]

使用例 A：Would you rather pay a $1000 monthly mortgage or a $1000 monthly rent?
B：Duh. I would do a mortgage and rent it to somebody else for $1200.

訳 A：1000ドルの住宅ローンを払うのと、1000ドルの家賃を払うのどっちがいい？
B：マジ？　住宅ローンを選んで、1200ドルで他の人に貸し出すよ。

解説 答えが明らかなことへの返答に使われる。

⑥What the heck

[なんてこった]

使用例 Someone came to steal our package inside of the apartment. What the heck!

訳 アパートの中まで小包を盗みに入るなんて、なんてこった！

解説 「What the hell.」の優しい言い方。

SIDE NOTE

"The 5 love languages" is an American bestseller (also translated in Japanese). It shows that there are 5 types of ways to ***give and receive*** love depending on the person: a concept that is known in the States.

The difference in type may lead to ***misunderstanding*** about each other because love is not received as much as it's given. So when you feel loved, how you express love, and understanding each other's "love language" are super important in building a relationship.

At first, Kayla and I had to explore the cultural differences, and ***figure out*** where that difference was coming from so we understand each other's background and find out each other's love language.

サイドノート

『The 5 love languages』はアメリカの大ベストセラー（日本でも翻訳されている）。愛の伝え方と受け取り方には人により５つのタイプがあると示したもので、アメリカでは浸透している考え方だよ。

タイプの違いから「愛しているのに伝わらない」というすれ違いにつながることもある。だから、どういうときに愛されていると感じるか、どう愛を表現するか、お互いの「愛の言語」を理解し合うのは関係を築くうえで超大事なんだよね。

僕とケイラも最初は文化の違いを探って、その違いがどこから来るのかを考え、お互いのバックグラウンドを理解し、お互いの「愛の言語」を見つける必要があったよ。

注目フレーズ

①give and receive

[授受する]

使用例 Life is all about giving and receiving. The more you focus on giving, the more you will receive.

訳 人生とは与えて受け取ることです。与えることに集中するほど、より多くのものを受け取れます。

解説 ギブアンドレシーブ。愛を与え合うこと。この著者の人生観。

②misunderstanding

[誤解]

使用例 I had a little misunderstanding about the situation.

訳 状況を少し誤解していたようです。

解説 間違って理解していたときに使う。

③figure out

[～を解決する、～を考える]

使用例 I have to figure out an excuse for being absent from my last class.

訳 この前の授業を欠席した言い訳を考えなきゃいけない。

解説 問題のある状況を解決するときに使う。

動画でcheck!

We did a small wedding with friends and family on August 9th, 2022. We went to a court to exchange vows.
I still kinda want to do a traditional Japanese way of wedding as well.

2022年8月9日、僕らは友達と家族だけで、ささやかな結婚式を挙げた。誓いの言葉を交わすために裁判所にも行ってきたよ。
これから日本の伝統的な結婚式もやりたい！

Chapter 25

Behind the scenes of the YouTube shoot

YouTube 撮影のウラ側

Alright, let's vlog.

Behind the scenes of the YouTube shoot

H

I'm ***vlogging*** today.

今日はＶログを撮影するね。

K

Sounds ***Gucci***.

いいね！

T

Oh, this is my first time seeing Haruki filming YouTube video.

おお、初めてハルキが YouTube を撮影するところが見られるよ。

H

Nothing special; just "***do you***" Kayla says.

何も特別なことはないよ。"自分をやる"とケイラは言ってる。

T

Do you?

"自分をやる"？

H

Yeah, the best way to get used to being in front of camera is to think ***as if*** you are talking to your friend and you will forget the camera is even there.

そう、カメラに慣れる一番の方法は友達に話しかけるように向き合うこと。そしたらカメラの存在は忘れるよ。

T

What about when you are ***filming in public***? Don't you get stares from other people?

公共の場所で撮影するときは、周りの人からじろじろ見られたりしないの？

B

Yes, you do but it doesn't matter. It's all about a mind game.

するけど、関係ないさ。全てはマインドゲームだね！

K

I still get ***anxious*** holding a camera in public but I'm getting better.

私はまだ公共の場所でカメラを持つのは緊張するけど、だんだん上手くなってきたよ。

Ty

You will never meet them anyways, so ***just act like*** you are a tourist with a camera.

また会うことなんてまずないし、カメラを持った旅行客だと思って振る舞えばいいね。

H

Yeah, vlogging is all about documenting self-progress. There are always people who oppose what you do but you have to focus on your growth and healing.

そうそう、Ｖログは自分の成長をドキュメントすることが全て。何をしても反対する人はいるけど、ただ自身の成長と癒しに集中するんだ。

T

I feel it! You are the best.

わかるよ！　君たち最高だよ！

H

Alright, let's start vlogging.

よーし！　Ｖログを始めよう！

注目フレーズ

①vlog

[Vログを撮る]

使用例 A：What do you do?
B：I vlog my life.

訳 A：仕事は何をしてるの？
B：人生をVログしてる。

解説 video blog = vlog

②Gucci

[良い、OK、Good]

使用例 A：Hey how's everything? I feel like I haven't seen you forever.
B：Yeah, everything's Gucci. I've been mad busy.

訳 A：最近の調子はどう？　めっちゃ久しぶりな感じする！
B：調子は良いよ！　ちょっと最近忙しくてね。

解説 高級ブランドGUCCI。その品質の高さからGoodとかけて、「良い」として使われるようになった。

③do you

[自分をする]

使用例 You might get judged but do you.

訳 ジャッジされることはあるけど、自分をしろ。

解説 周りの環境を気にせず、本当の自分でいること。自分を貫く様子。

④as if

[〜かのように]

使用例 The key in life is to act like as if you are already who you want to be.

訳 人生のカギは、すでにあなたがなりたい人であるかのように振る舞うことです。

解説 実際にはそうではなくても、そのようであることについて言うとき使える。いつだって在りたい自分でいよう。

⑤film in pubic

[公共の場で撮影する]

使用例 I love filming in public; especially public pranks are fun to do.

訳 公共の場で撮影するのが好き。特に公共ドッキリはめっちゃ楽しい。

解説 外で撮影するときに使われる。
＊public prank ＝公共ドッキリ

⑥anxious

[心配な、不安な]

使用例 I feel anxious about the exam tomorrow.

訳 明日の試験が心配だよ。

解説 何かについて気がかりな緊張状態を表す。

⑦just act like

[〜をただ演じる、〜のように振る舞う]

使用例 Just act like you're a fucking successful person and you become one.

訳 ただめちゃんこ成功したかのように振る舞うことで、そうなれます。

解説 〜のように行動しろ。振る舞い、姿勢から入れ。

SIDE NOTE

YouTube ***changed the game*** of how you can live a life.

There are millions of people living and sharing their lifestyle through vlogging. It's amazing how you can find someone on the other side of the world and you can watch their videos and then feel what it's like to live in that country.

And you can not only see others' lifestyle but also share your lifestyle to billions of other people and find your ***group of people*** from the world.

サイドノート

YouTubeは「人生の生き方」というゲームを変えた。

何百万人もの人たちが自分のライフスタイルをVログを通して表現し、共有している。地球の反対側にいる人が動画を見て、「その国に住むのはどんな風か」を感じられるなんて、本当に素晴らしすぎる！

そして他の人のライフスタイルを見るだけじゃなく、数十億人の人たちに自分のライフスタイルを共有し、世界中から“君のグループ”を見つけられるんだ。

注目フレーズ

① ***change the game*** [ゲームを変える]

使用例　I have high hopes for our generation; it could change the game all together.

訳　自分たちの世代には大きな期待を寄せてるんだよね、一緒にゲームを変えるかもしれないから。

解説　ここでの「ゲーム」は物事を俯《ふ》瞰《かん》して見たときの状況や世論を表している。

② ***group of people*** [人々の集まり、集団]

使用例　When you talk about a controversial topic, you gotta get into an argument with a group of people.

訳　物議をかもすトピックについて話すとき、集団で議論しなきゃいけない。

解説　似た思考をシェアする人々について言うこともある。

動画でcheck!

"Vlog" is "video blog" which became a lifestyle for some people including myself.
It started as sharing your life in your perspective.
Everyone is different and that's why it's interesting to watch somebody else's life through the lens.

「Vlog」＝「ビデオブログ」は僕を含め一部の人たちのライフスタイルになった。

それは、その人の視点でその人の人生を共有することから始まったんだ。

みんな違うからこそ、レンズを通して他の人の人生を見るのは面白いね。

Taco Tuesday

おわりに

自分から、リア充世界を創造していこう！

最後まで読んでいただきありがとうございます。
あなたは、地球を外から見たいと思ったことはありますか？
もし見られたら、いったいどんな気持ちになるんだろう。

僕は日本を外から見て、日本が大好きになりました。
おいしいご飯、安全な場所、言葉足らずでも通じ合う心。
なぜか自分を犠牲にしてでも相手のことを考え、空気を読んでしまうところ。
ルールや法律を絶対守り、「みんなが幸せになる」ことを考えられる国民性は、世界のどこを探しても日本人だけだと思っています。

僕がそれに気づけたのは、英語というツールを身につけ、外の世界を知れたからです。
「はじめに」で書いたように、日本にいた頃の僕は、もともとまったくリア充なんかじゃなく、日本の文化への思い入れも特にありませんでした。
英語でコミュニケーションが取れるようになってから、文字通り「見える世界が変わった」んです。

だからあなたも、この本を読んで終わるのでなく、ぜひ外国の人と実際にこの本で覚えた英語を使ってコミュニケーションを楽しんでみてください。
英語学習はライフスタイルです。Exercise&Repetition(稽古＆繰り返し) が大切なんです。
インプットするだけでは、ごはんを食べて終わるのと一緒です。そのうえで体を動かさないと体力がつかないように、英語も実際に使って自分のものにしていく必要があります。
どんどんアウトプットして、自分の作りたい「リア充世界」をあなたから創造していってください！

僕自身も、自分を愛し、家族を愛し、友達を愛し、そんな「愛の輪」が少しずつ広がってコミュニティーとなっていく――そんな世界を創る力が、己の中に存在すると信じ、明日もまた元気に生きていこうと思います。

2023.2　Haruki Anoku

The nowadays of Haruki and Kayla

ハルキとケイラの最近

毎年オーランドでクリエイター向けに
開かれるコンベンション
「Playlist Live」に参加してきたよ。

3D サングラスをつけて、3 時間の
『アバター：ウェイ・オブ・ウォーター』を
見てきた。毎年映画のレベルが
上がってることにビックリ！

「ユニバーサルシティーウォーク」で
発見したクリスマスツリー。
冬でも暖かいフロリダでクリスマスを
感じるのは難しくて、
少し不自然な感覚だったよ（笑）。

人生初めてのONE OK ROCKのコンサート。
お互いに大ファンで、オーランドで
一緒に行くことになるとは思ってなかった！

「エプコット」の日本館。
将来こんな場所に住めたらな〜。

ココアビーチは家から一番近いビーチで、車で1時間ぐらい。
残念ながらサンセットは逆で見れない。

フロリダのアパートには
ジムが付いてくる場合が多い。
便利だから、よく一緒に
トレーニングするよ！

索引でわかる NY

生活の中で

友達との会話で

レスポンス・呼びかけ

主張・説明したいとき

恋愛シーンで

アメリカあるある

ハルキ 's ライフあるある

Haruki

1997 年 4 月 28 日生まれ。兵庫県出身。アメリカ在住 YouTuber。オンライン英会話「Point8 English」運営。オリジナルファッションブランド「Point 8」運営。
独学で英語を身につけ、大学進学を機にニューヨークに移り住む。現地の若者たちとの交流や、リアルなライフスタイルの配信が人気を集め、現在のチャンネル登録者数は約 36 万人。
同じ大学のケイラと 2022 年に入籍。同年にニューヨークからフロリダに引っ越し、新たな生活をスタートさせた。
ネイティブ英語を使いこなし、現地のコミュニティに溶け込んで楽しんでいる姿は、多くの英語学習者たちの憧れの的になっている。本書が初の著書。

YouTube: @HarukiAnoku
Twitter: @8rukiii
Instagram: hr.8ruki

ネイティブと秒《びょう》で仲《なか》良《よ》くなれる！
NY《ニューヨーク》のリア充《じゅう》英《えい》語《ご》

2023 年 5 月 5 日　第 1 刷発行

著者　Haruki《ハルキ》
発行者　佐藤 靖
発行所　大和《だいわ》書房
東京都文京区関口 1-33-4
電話 03-3203-4511

デザイン	吉村亮、石井志歩（Yoshi-des.）
イラスト・漫画	El Pino
写真	Haruki, iStock／evgeny_pylayev／Povozniuk／jozzeppe／jpfotograaf (P27) , iStock／Alessandro Lai（カバー・街並み）, iStock／dibrova（カバー・自由の女神）, iStock／stu99（カバー・標識）
絵文字	Twemoji
校正	鴎来堂
本文印刷	光邦
カバー印刷	歩プロセス
製本	ナショナル製本

ISBN978-4-479-39400-6

http://www.daiwashobo.co.jp/